中等职业教育通用基础教材系列

# 实用礼仪教程


主　　编　李雪梅

副 主 编　苏　敏　孙少英　莫丽莹

参　　编　蔡晓宇　王海燕　任雪梅　赵亦芃
　　　　　李东红　许　丹　张　雪　白仙英
　　　　　任海霞　赵　晶　任　洁　宋一伟
　　　　　平　洁

中国人民大学出版社

·北京·

# 前言

礼仪是人类社会文化宝库中一颗璀璨的明珠，是社会文明的象征，也是一个人做人立身、待人交友的根本。孔子曾说："不学礼，无以立。"孟子也有"君子以仁存心，以礼存心。仁者爱人，有礼者敬人。爱人者，人恒爱之；敬人者，人恒敬之"的论述。礼仪作为一种规范，发挥着调节人与人之间的关系，评判个人与组织形象是否契合社会期望的作用。

中职期间，是学生由"非独立的社会人"转变为"独立社会人"的重要阶段，是中职生完成社会化转变的重要时期。在这一期间，中职生应学会做人做事的基本准则，如此在将来走向社会时才能得到社会的尊重、认可，实现自己的人生价值。在这一过程中，礼仪教育对于中职生各方面素养的养成，实现中职生向社会化、职业化转变发挥着重要作用。因此，中职生有必要进行礼仪方面系统的学习和实践。

本教材的内容是基于当代中职生的社交需要，以实用为导向，并根据中职生日常可能涉及的各类礼仪规范而设计的。本教材分为礼仪概述、校园基本礼仪、社交礼仪、家庭礼仪、求职礼仪、部分民族及港澳台地区礼仪、涉外礼仪七个部分，每章包括史海泛舟、任务目标、任务内容、博学精用、心灵约定等内容。本教材注重实践、强化应用、图文并茂、叙述通俗，以学生为主体，让学生在教学过程中做中学、学中做，真正提高中职生对各种礼仪知识和技能的应用能力，帮助学生在教学实践中逐渐成长为一名合格的社会人。

本教材在编写过程中，博采众家之长，参考了很多专家、学者、同行的资料，在此向各位深表谢意。有些资料，参考了网络资源，在此亦向各位资料提供者所付出的辛勤劳动表示衷心的感谢！

由于编者水平有限，加上时间仓促，书中难免有不当之处，敬请各位专家和读者批评指正。

编　者

# 目 录

# 第一章　礼仪概述

## 【史海泛舟】

历史上，中国曾被视为“衣冠上国”“礼仪之邦”，礼仪是中华民族的传统美德，从古至今，源远流长。孔子曾经说过：“不知命，无以为君子也。不知礼，无以立也。不知言，无以知人也。”现代礼仪通过规范人们的行为举止强调人的尊严，强调人与人之间的互助合作，强调公共领域与私人领域的边界，强调职业伦理对职业行为的规范，强调人应该热爱而不是憎恨这个世界。它让人远离邪恶、低俗，引导人的精神迈向更高境界。

人们通常讲“言为心声，行为心表”，“诚于中，行于外”，只有内心具有高尚的道德情操，才能有儒雅的风度；只有有道德、有文化、有修养，才能严于律己，宽以待人，自觉遵守社会公德。俗话说：“良言一句三冬暖，恶语伤人六月寒。”一个人的语言表达能力是体现其个人修养的重要方面，恭敬有礼的话语温暖人心，能提高交际效能；语言粗野、恶语伤人，就会使人与人的关系冷淡甚至恶化；诙谐幽默的言语，能够营造欢快的气氛。而言谈举止、仪容仪表这些最基本的礼仪内容则需从平时的教育中去养成。有这样一个例子：李鸿章出访美国时，在华盛顿国立图书馆参观，因为在图书馆内不准抽烟，李鸿章感到备受委屈。憋了一肚子气的李鸿章一出图书馆的大门，就“啪”地一口痰吐在图书馆大门前，以泄心头之恨。两个值班的工作人员发现后，立即将他拦住，非要他擦干了痰迹才放行。李鸿章哪会干这种事？他示意随从去擦，但值班的工作人员坚决不允，非要李鸿章亲自去擦不可，最后以李鸿章接受罚款了事。

为图一时之快，一口痰，丢了人格不说，还让国格受损。

## 第一节　礼仪的起源及内涵

### 【任务目标】

中国有着五千年文明史，素有“礼仪之邦”之称，中国人也以彬彬有礼的风貌而著称于世。礼仪文明作为中国传统文化的一个重要组成部分，对中国社会历史发展产生了广泛、深远的影响，其内容十分丰富。作为中职生的我们，是不是也应该了解礼仪的起源、变化与发展呢？让我们一起走进礼仪的殿堂了解礼仪的相关知识吧。

### 【任务内容】

1. 了解礼仪的起源与内涵。
2. 明确礼仪的作用与意义。

### 【博学精用】

在远古时期，由于社会生产力低下，人类的认知能力有限，面对千变万化的自然现象及天灾人祸，人们感到深不可测，以为是无形的力量（神）在主宰一切，因而对它充满敬畏和恐惧。为了表达对神的敬畏，祈求神的保佑、降福、避灾，人们开始了对神的祭祀活动，这种活动古代称为“礼”。也就是说，礼起源于远古时期人们的祭祀活动。

礼的繁体字是“禮”，“豊”是祭祀过程中使用的一种装满玉条的器皿，许慎在《说文解字》中曾说:“豊，行礼之器也。”后来人们在“豊”的基础上又加了个“示”。在中国的文字中，“示”基本上和祭祀鬼神、祭拜天地有关，所以“禮”就表示手捧豊器去祭祀这种活动。礼仪、礼貌、礼节这些词语中的礼则是由祭拜或祭祀引申出来的。豊是装满玉条的器皿，玉在中国文化中是最美好最圣洁的事物，人们对玉是十分珍爱的。从礼这个字的字形中不难体会，我们的先祖用如此珍贵圣洁的玉来祭祀鬼神、敬拜天地，这传达出一种含义，即人们对天地鬼神的尊敬，所以礼这个字所要传达出的核心内涵就是尊敬。

礼仪，简而言之，就是人们在社会交往活动中应共同遵守的行为准则。礼仪的“礼”字指的是尊重，即在人际交往中既尊重自己，也尊重别人;“仪”者，仪式也，即尊重自己、尊重别人的表现形式。礼仪就是以最恰当的方式来表达对他人的尊重。无论在什么样的环境中，礼仪的终极目标都是为自己赢得深层次的尊重，与他人建立和谐、融洽的人际关系，而不是单纯建立互利关系。对一个人来说，礼仪是一个人思想道德水平、文化修养、交际能力的外在表现；对一个社会来说，礼仪是一个国家社会文明程度、道德风尚和生活习惯的反映。

礼仪与我们的生活息息相关，并且发挥着巨大作用。礼仪是一个人立足社会的基本条件，它就像一个人的名片，体现了一个人的素质和修养，在人们的生活中有着不容忽视的作用。荀子曾说过:“人无礼则不生，事无礼则不成，国家无礼则不宁。”孟子说:“人之有道也：饱食暖衣，逸居而无教，则近于禽兽。”意思是说，人如果吃得饱、穿得暖、住得很舒服，但是不讲礼仪、没有教养，就跟禽兽差不多。

有礼走遍天下，无礼寸步难行。礼仪不仅可以反映出个人的形象和内在素养，更是一个国家国民素质的反映，同时也是一个民族精神文明的重要标志。

【小知识】

中国古代的礼仪都有哪些呢？大家一起来了解一下吧。

1. 九宾之礼。这是我国古代最隆重的礼节。它原是周天子专门用来接待天下诸侯的重典。周朝有八百多个诸侯国，周天子按其亲疏，分别赐给各诸侯王不同的爵位，爵位分公、侯、伯、子、男五等，各诸侯国内的官职又分为三等：卿、大夫、士，诸侯国国君则自称为“孤”。这“公、侯、伯、子、男、孤、卿、大夫、士”合起来称为“九仪”或“九宾”。周天子朝会“九宾”时所用的礼节，就叫“九宾之礼”。“九宾之礼”是很隆重的：九位礼仪官员迎接宾客时，高声呼唤，上下相传，声势威严。按古礼，“九宾之礼”只有周天子才能用，但到了战国时代，周朝衰微，诸侯称霸，“九宾之礼”也常为诸侯所用，后逐渐演变为诸侯国接见外来使节的一种最高外交礼节。

2. 跪拜礼。早在原始社会就已产生，但那时人们仅仅是以跪拜的形式表示友好和敬意，并无尊卑之意。进入阶级社会后，情况就不同了，特别是在封建社会里，“跪拜”是一种臣服的表示，“拜，服也；稽首，服之甚也”。即使是平辈跪拜，也有彼此恭敬的意思。“跪拜礼”的表现形式多样，主要有以下几种：

（1）稽首：臣拜君之礼。拜者头部着地，并停留较长时间。

（2）顿首：叩首、叩头。头一触地就起，是一种用于平辈间的、比较庄重的礼节。古人在书信的头或尾就常常以“顿首”二字表达敬意。

另外，还有“空首”等。

3. 揖让礼。“揖”是作揖，双手抱拳打躬，身体向前微倾；“让”表示谦让。这是一种大众化的礼节，一般用于宾主或平辈间相见时的场合。

“打躬作揖”既是一种引见，也表示一种寒暄问候。这一礼节，最能体现中华民族“谦让”的美德。

4. 袒臂礼。又叫“左右袒”，是一种特定场合的礼节。所谓“左右袒”，是指露出左手臂或右手臂，以表示拥护哪一方面的意思。它一般用于事态严重的场合，通过“袒臂”表示拥护谁，借以解决争端。相当于今天的举手表决。这种礼节，大约产生于春秋战国时代。

5. 虚左礼。古人一般尊崇右，故以右为尊位。但乘坐车辆时，却恰好相反：车骑以“左”为尊位。如《信陵君窃符救赵》：“公子车骑，虚左，自迎夷门后生。”后来经过演变，“虚左”就变成了对人尊敬的意思。所以在待客时，常谦称“虚左以待”。“虚左以待”的行为也成了尊重人的一种礼节。

### 【心灵约定】

中国的传统礼仪内容非常丰富，让我们大家通过网络、图书等途径一起来学习中国传统礼仪知识，一起来做一名知礼的中职生吧。

## 第二节　礼仪的作用及意义

### 【任务目标】

不论是在日常的学习生活中，还是在将来走上工作岗位的社会交往中，礼仪都是我们与人沟通、交往的一张名片。一个人懂得礼仪、遵守礼仪，将会在与人的交往中得到他人的尊重和信赖。本节我们一起来了解一下有关礼仪作用和意义的相关知识。

## 【任务内容】

1. 了解礼仪的作用。

2. 了解礼仪的意义。

## 【博学精用】

做人先学礼，礼仪教育是我们人生的第一课。而礼仪必须通过学习、培养和训练，才能成为人们的行为习惯。我们每一位社会成员都有义务和责任学习礼仪、传承礼仪。

良好的礼仪素养一旦养成，必然会在社会生活中发挥重要的作用。

首先，它有助于提高人们的自身修养。

在人际交往中，礼仪往往是衡量一个人文明程度的准绳。它不仅反映着一个人的交际技巧与应变能力，而且还反映着一个人的气质风度、阅历见识、道德情操、精神风貌。因此，从这个意义上说，礼仪完全可等同于教养。这也就是说，通过一个人对礼仪运用的程度，可以察知其教养的高低、文明的程度和道德的水准。由此可见，学习礼仪、运用礼仪有助于提高个人修养，有助于“用高尚的精神塑造人”，真正提高个人的文明程度。

其次，它有助于人们美化自身，美化生活。

个人形象是一个人仪容、表情、举止、服饰、谈吐、教养的集合，而礼仪在上述诸方面都有详尽的规范。因此，学习礼仪、运用礼仪无疑有益于人们更好地、更规范地设计个人形象、维护个人形象，更好地、更充分地展示个人的良好教养与优雅的风度，礼仪的这种功能，任何人都难以否定。当每个人都重视礼仪，人人以礼待人时，人际关系将会更加和睦，生活将变得更加温馨，这时，美化自身便会发展为美化生活，这也是礼仪的运用所发挥的作用。

说一说

礼仪对提高自身修养有哪些益处？

再次，它有助于促进人们的社会交往，改善人际关系。

古人认为：世事洞明皆学问，人情练达即文章。这句话讲的其实就是交际的重要性。一个人只要同其他人打交道，就不能不讲礼仪。运用礼仪，除了可以使个人在交际活动中充满自信、胸有成竹、处变不惊之外，还能够帮助人们规范彼此的交际活动，更好地向交往对象表达自己的尊重、敬佩、友好与善意，增进彼此之间的了解与信任。假如人人皆如此，长此以往，必将促进社会交往的进一步发展，帮助人们更好地取得交际成功，进而建立和谐、完美的人际关系，取得事业的成功。

最后，它有助于净化社会风气，推进社会主义精神文明建设。

想一想

在与同学的交往中，礼仪有哪些作用？

一般而言，人们的教养会反映其素质，而素质又体现于细节。反映个人教养的礼仪，是人类进入文明社会的标志之一。一个人、一个集体、一个国家的礼仪水准如何，往往反映着这个人、这个集体、这个国家的文明水平、整体素质、整体教养。古人曾经指出"礼义廉耻，国之四维"，可见在古代，人们将礼仪列为立国的精神要素之本。而在日常交往中，诚如英国哲学家约翰·洛克所言：没有良好的礼仪，其余的一切成就都会被人看成骄傲、自负、无用和愚蠢。反过来说，遵守礼仪，应用礼仪，将有助于净化社会环境，提升个人乃至全社会的精神文明水平。当前，我国正在大力推进社会主义精神文明建设，其中的一项重要内容就是要求全体社会成员讲文明、讲礼貌、讲卫生、讲秩序、讲道德，心灵美、语言美、行为美、环境美。这些内容，与礼仪完全吻合。因此，完全可以说，提倡礼仪的学习、运用，与推进社会主义精神文明建设是殊途同归、相互配合、相互促进的。这种社会主义礼治，对于我国的现代化建设，是不可或缺的。

## 【阅读天地】

世界上最廉价，而且能得到最大收益的一项物质，就是礼节。

——拿破仑·希尔

不学礼，无以立。

——孔子

在人与人的交往中，礼仪越周到越保险。

——托·卡莱尔

心诚色温，气和辞婉，必能动人。

——薛瑄

知识使人变得文雅，而交际使人变得完善。

——乔·富勒

谦恭有礼，人人欢迎。

——托马斯·福特

人无礼则不生，事无礼则不成，国家无礼则不宁。

——荀子

人有礼则安，无礼则危。

——《礼记》

礼以行义，义以生利，利以平民，政之大节也。

——《左传》

礼义廉耻，国之四维，四维不张，国乃灭亡。

——管子

## 【心灵约定】

同学们，步入礼仪的殿堂，你是不是发现礼仪就在我们身边呢？那就让我们从现在开始约定，让礼仪知识帮助你成为受大家欢迎的人吧！

# 第二章　校园基本礼仪

## 【史海泛舟】

《弟子规》告诫我们：冠必正，纽必结，袜与履，俱紧切；置冠服，有定位，勿乱顿，致污秽。意思是说，要注重服装仪容的整齐清洁，戴帽子要戴端正，衣服扣子要扣好，袜子穿平整，鞋带应系紧，否则容易被绊倒，一切穿着以稳重端庄为宜；回家后，衣、帽、鞋、袜都要放到固定位置，避免随意放置，把东西弄脏。作为一名中职学生，我们要从这些细节入手修炼自己的礼仪修养。

春秋时候，有个人叫赵宣子，他是晋国的大臣。当时的晋灵公执政无道，所以赵宣子经常去劝诫晋灵公，晋灵公后来觉得不耐烦，就雇了一个叫锄麑的杀手去杀他。锄麑到了赵宣子的门口，看到赵宣子还没有上朝，但是已经穿得整整齐齐，深受感动，对他顿时心生敬意，心想：这么谨慎、谦恭的人，一定是国家的栋梁，假如我把他杀了，我就对不起国家；但是我已经答应国君了，假如我没有杀赵宣子，我又会失信。所以，锄麑就撞槐树自杀了。赵宣子因为做到了衣冠整洁，从而赢得了锄麑对他的尊敬，也逃过了一劫。所以我们要注意自己衣冠的整洁，这些对自己的形象、对自己的职业发展都有相当大的影响。

# 第一节　个人基本礼仪

## 【任务目标】

校园中同学之间的交往、师生之间的交往是校园生活的重要内容。做好个人基本礼仪是成功交往的重要前提。本节将从仪容仪表和仪态举止等方面来给大家讲解个人基本礼仪的注意事项。

## 【任务内容】

1. 了解什么是首因效应，它有什么作用。
2. 掌握仪容仪表修饰的注意事项。
3. 了解微笑的重要意义。
4. 掌握微笑的技巧。
5. 熟练掌握站姿、坐姿、走姿的要求。

## 【博学精用】

首因效应是指人们最初接触到的信息所形成的印象对其以后的行为活动和评价的影响。人与人在第一次交往中留下的印象，在对方的头脑中经常占据着主导地位，这种现象即为首因效应的表现。

在心理学中，首因效应也叫第一印象效应。第一印象是在短时间内以片面的资料为依据形成的印象。心理学研究发现，与一个人初次会面，45 秒钟内就能产生第一印象。第一印象对他人的社会知觉会产生较强的影响，并且在对方的头脑中占据主导地位。一家知名公司的资深顾问曾指出：保持和复现，在很大程度上依赖于有关心理活动第一次出现时注意和兴趣的强度。并且这种先入为主的第一印象是人的普遍的主观性倾向，会直接影响到以后的一系列行为 。因此，注重个人基本礼仪对个人的发展具有重要作用。在个人基本礼仪方面，大家要注意自己的仪容仪表和仪态举止。

仪容仪表是指一个人在对方视觉系统中呈现出来的外观，通常是指这个人的外部轮廓、容貌、表情、服饰的总和。

为了维护自我形象，有必要对仪容仪表进行修饰。在仪容仪表的修饰方面要注意以下事项：

其一，干净。要勤洗澡、勤洗脸，脖颈、手都要干净，并经常注意去除眼角、口角及鼻孔的分泌物。

其二，整洁。即整齐、洁净、清爽。要使仪容整洁，重在重视，并持之以恒。这一条，与自我形象的优劣关系极大。

其三，卫生。讲究卫生，是公民的义务。注意口腔卫生，早晚刷牙，饭后漱口，不能当着客人的面嚼口香糖；指甲要常剪，头发按时理，不得蓬头垢面，体味熏人，这是每个人都应当自觉做好的。

其四，简约。仪容既要适当修饰，又要避免标新立异，简练、朴素最好。

其五，端庄。仪容庄重大方，斯文雅气，不仅会给人以美感，而且易于使自己赢得他人的信任。

**说一说**

日常生活中你是如何注重仪容仪表修饰的？

在与老师和同学们的交往过程中，我们除了要注意仪容仪表外，还要注意自己的仪态举止。

## 一、微笑

### 1. 微笑的主要特征

一般情况下，人在微笑时，应当目光柔和，双眼略微睁大；眉毛自然舒展，微微向上扬起；鼻翼张开，脸肌收拢；嘴角上翘。

### 2. 微笑的基本技巧

微笑不但表现在嘴角，还表现在眼神上，是一种发自内心的笑，也就是我们通常所说的微笑要做到嘴笑、眼笑、心笑。

微笑的基本技巧包括以下几方面：

（1）调动五官运动：微笑时口、眉、眼都要配合，嘴角上扬，眉毛上扬并稍弯，嘴微开，上牙微露，脸部肌肉放松。

（2）微笑时眼睛里应自然流露出一种真诚、关切的神情，要表里一致。

（3）微笑时可与语言结合，声情并茂。

（4）微笑时的仪表、举止要协调。

【小知识】

### 表情的作用

良好的面部表情有助于我们给他人留下良好的印象。

一般情况下，人们所说的表情，往往是指面部表情。与衣着一样，表情也是人无声的语言。现代传播学认为，它属于人际交流中的“非语言信息传播系统”，并且是其核心组成部分。因此相对于衣着而言，表情更为直观，更为形象，更易于为人们所觉察和理解。

在人际交往中，表情真实可信地反映着人们的思想、情感、反应，以及其他一切方面的心理活动与变化。

在人们所接受的来自他人的信息之中，45% 来自有声语言，55% 则来自无声语言。而在后者中，又有 70% 来自表情，由此可见表情在人际交往中的重要位置。

## 二、站姿

站立是人们在生活交往中一种最基本的举止。站姿是人静态的造型动作，优美、典雅的站姿是发展人的不同动态美的基础和起点。优美的站姿能显示个人的自信，衬托出美好的气质和风度，并给他人留下美好的印象。

### 1. 正确的站姿要求

头正、肩平、臂垂、躯挺、腿并、身体重心主要支撑于脚弓上，从侧面看，头部、肩部、上体与下肢应在一条垂直线上。

### 2. 手位

站立时，双手可取下列手位：

（1）双手置于身体两侧。（男女生适用）

（2）右手搭在左手上叠放于体前。（男女生适用）

（3）双手在身后交叉，右手搭在左手上，贴于臀部。（多用于男生）

### 3. 脚位

站立时可采取以下几种脚位：

（1）“V”形。（男女生均可）

（2）双脚平行分开不超过肩宽。（男生适用）

（3）小“丁”字形。（女生适用）

### 4. 几种基本站姿

（1）男士的基本站姿。

1）身体立直，抬头挺胸，下颌微收，双目平视，嘴角微闭，双手自然垂直于身体两侧，双膝并拢，两腿绷直，脚跟靠紧，脚尖分开呈“V”字形。

2）身体立直，抬头挺胸，下颌微收，双目平视，嘴角微闭，双脚平行分开，两脚间距离不超过肩宽，一般以20厘米为宜，双手手指自然并拢，右手搭在左手上，轻贴于腹部，不要挺腹或后仰。

3）身体立直，抬头挺胸，下颌微收，双目平视，嘴角微闭，双脚平行分开，两脚之间距离不超过肩宽，一般以20厘米为宜，双手在身后交叉，右手搭在左手上，贴于臀部。

（2）女士的基本站姿。

1）身体立直，抬头挺胸，下颌微收，双目平视，嘴角微闭，面带微笑，双手自然垂直于身体两侧，双膝并拢，两腿绷直，脚跟靠紧，脚尖分开呈“V”字形。

2）身体立直，抬头挺胸，下颌微收，双目平视，嘴角微闭，面带微笑，两脚尖略分开，左脚在前，将左脚跟靠在右脚脚弓处，两脚尖呈“V”字形，双手自然并拢，右手搭在左手上，轻贴于腹前，身体重心可放在两脚上，也可放在一脚上，并通过重心的移动减轻疲劳。

### 5. 站立注意事项

（1）站立时，切忌东倒西歪，无精打采，懒散地倚靠在墙上等处。

（2）不要低着头、歪着脖子、含胸、端肩、驼背。

（3）不要将身体的重心明显地移到一侧，只用一条腿支撑着身体。

（4）不要下意识地做小动作。

（5）在正式场合，不要将手插在裤袋里，切忌双手交叉抱在胸前，或是双手叉腰。

（6）男子双脚左右开立时，注意两脚之间的距离不可过大，不要挺腹翘臀。

（7）不要两腿交叉站立。

### 6. 站姿的训练方法

（1）背靠墙。

（2）两人背靠背。

（3）头顶书本。

（4）对镜训练。

## 三、坐姿

坐姿文雅、端庄，不仅给人以沉着、稳重、冷静的感觉，而且也是展现自己气质与修养的重要形式。

### 1. 正确的坐姿要求

（1）入座时要轻稳，一般从左侧入座。

（2）入座后上体自然挺直，挺胸，双膝自然并拢，双腿自然弯曲，双肩平整放松，双臂自然弯曲，双手自然放在双腿上或椅子、沙发扶手上，掌心向下。

（3）头正、嘴角微闭，下颌微收，双目平视，面容平和自然。

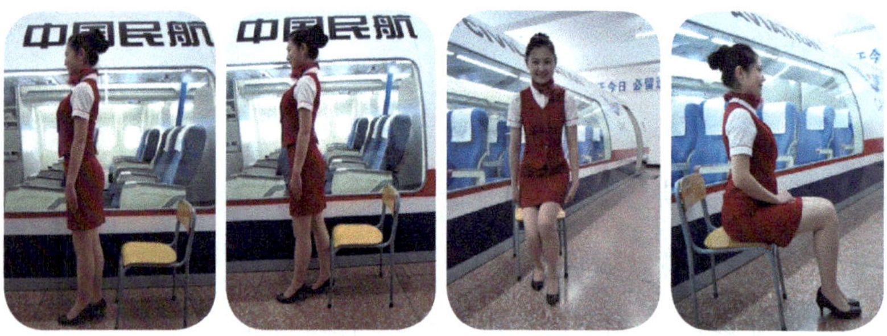


（4）坐在椅子上，应坐满椅子的2/3。

（5）离座时，要自然稳当。

### 2. 几种基本坐姿

（1）女士坐姿。

1）标准式。

2）侧点式。

3）侧挂式。

4）重叠式。

5）曲直式。

（2）男子坐姿。

1）标准式。

2）前伸式。

3）前交叉式。

4）曲直式。

### 3. 坐姿的注意事项

（1）坐时不可前倾后仰，或歪歪扭扭。

（2）双腿不可过于叉开，或长长地伸出。

（3）坐下后不可随意挪动椅子。

（4）不可将大腿并拢，小腿分开，或双手放于臀部下面。

（5）不可高架“二郎腿”或“4”字形腿。

（6）不要腿、脚不停抖动。

（7）不要猛坐猛起。

（8）与人谈话时不要用手支着下巴。

（9）坐沙发时不应太靠里面，不能呈后仰状态。

（10）双手不要放在两腿中间。

（11）脚尖不要指向他人。

（12）不要脚跟落地、脚尖离地。

（13）不要双手撑椅。

（14）不要把脚架在椅子、沙发扶手或茶几上。

### 4. 坐姿训练

（1）两人一组，面对面练习，并指出对方的不足。

（2）坐在镜子前面，按照坐姿要求进行自我纠正，重点检查手位、腿位、脚位。

（3）每次训练时间为20分钟左右，可配音乐进行。

## 四、走姿

走姿是人体所呈现出的一种动态，是站姿的延续。走姿是展现人的动态美的重要形式。

### 1. 正确的走姿要求

头正、肩平、躯挺、步位直、步幅适度、步速平稳。

### 2. 不雅的走姿

（1）方向不定，忽左忽右。

（2）体位失当，摇头、晃肩、扭臀。

（3）扭来扭去的“外八字”步和“内八字”步。

（4）左顾右盼，重心后移或前移。

（5）与多人走路时，或勾肩搭背，或奔跑蹦跳，或大声喊叫等。

（6）双手反背于身后。

（7）双手插入裤袋。

### 3. 走姿训练

（1）摆臂训练。

（2）步位、步幅训练。

（3）稳定性训练。

（4）协调性训练。

【心灵约定】

学习了个人基本礼仪知识后，让我们从现在开始约定，一起来从自己的仪容仪表和仪态举止方面给大家留一个好印象吧。

## 第二节 校园公共场所礼仪

【任务目标】

校园公共场所是我们学习和生活的主要环境。在这些场所中，共同遵守场所秩序、相互礼让是每一位学生的责任，更是个人素质的体现和每位同学正常使用校园场所的权利。本节将从多个方面来给大家讲解校园公共场所礼仪的相关知识。

【任务内容】

1. 了解校园中的礼仪行为规范。
2. 掌握课堂上的礼仪行为规范。
3. 掌握图书馆内的礼仪行为规范。
4. 掌握餐厅内的礼仪行为规范。
5. 掌握宿舍中的礼仪行为规范。

【博学精用】

学校是育人的“公共场所”，有人称它是“神圣的殿堂”，它的每个角落都应成为育人的优良环境，我们也应随时随处注意礼仪。校园公共场所是同学们生活、学习和娱乐的地方，每个同学都有责任维护它的秩序。现在就让我们反思自己的行为：在校园内是否随手扔过垃圾？上课时是否随意讲过话或者睡过觉？升旗时是否说过话甚至嘻嘻哈哈？……

校园公共场所礼仪是学生在校园学习和生活中应遵守的行为规范和准则。在校园内，我们应遵循如下相关礼仪规范。

## 一、校园礼仪

（1）自觉保持校园整洁，不乱扔纸屑、粉笔头、果皮、包装袋；不随地吐痰、不乱丢垃圾，在校园内严禁吃泡泡糖、瓜子类食品。

（2）爱护标语牌、警示牌、格言牌和花草树木；不在黑板、墙壁和课桌椅上乱涂、乱画、乱刻；不践踏草地，不攀枝摘花；节约用水用电，不开长明灯。

（3）自行车要存放在指定地点，不乱停乱放，严禁在校内骑车带人。

## 二、课堂礼仪

课堂是学生接受知识最主要的公共场所，遵守相关纪律是学生最基本的礼仪。

### 1. 候课

上课的铃声一响，学生应准备好学习用具端坐在教室里，恭候老师上课。当教师宣布上课时，全班应迅速起立，向老师问好，待老师答礼后，方可坐下。若因特殊情况，不得已在老师上课后进入教室，应先喊“报告”，得到老师允许后，方可进入教室。

### 2. 听讲

上课时坐姿要端正。要认真听老师讲解，注意力集中，独立思考，重要的内容应做好笔记。当老师提问时，应先举半臂右手，待老师点到名字时才可站起来回答。发言时，身体要立正，声音要清晰洪亮，并使用普通话。对老师讲述的内容如有异议，应下课后单独找老师交换意见，共同探讨。

### 3. 下课

听到下课铃响时，若老师还未宣布下课，学生应当安心听讲，不要忙着收拾书本。下课时，全体同学须起立，与老师互道“再见”。待老师离开教室后，学生方可离开。有领导或老师听课时，要让师长先走，全体学生起立送别。

## 三、图书馆礼仪

图书馆是公共阅读场所，所以在图书馆要特别讲究礼仪文明。

（1）仪表端庄，衣着整洁，穿着不可太过随便。

（2）安静入馆，走路、移动座椅要轻，阅读时不要读出声音，尽量不要同他人交谈，以免打扰他人阅读。不可接打电话。

（3）查阅图书目录时，小心轻翻，以免把卡片翻乱撕坏，不要在卡片上涂画。

（4）爱护图书，轻拿、轻翻、轻放，不能因自己的需要而私自剪裁图书。

（5）开架书刊应逐册取阅，不要同时占用多份。阅后立即放回原处，以免影响他人阅读。

（6）借阅图书应如期归还。

## 四、餐厅礼仪

餐厅是公共场所，是充分体现同学们文明素养的地方，所以在餐厅要遵守就餐秩序，讲究公共道德。

### 1. 排队就餐，文明礼让

在餐厅就餐时要排队礼让，保持安静。大声喧哗、发牢骚或敲打碗、盘、桌、椅等都是错误行为。就餐时注意养成良好的卫生习惯，不挑食，不说话，不打闹，以免出现意外事故。

### 2. 勤俭节约，杜绝浪费

买饭时根据自己的需求，以吃饱吃好为原则，不浪费每一粒粮食。清洗餐具时节约用水，避免饭菜残渣堵塞水池。饭菜残渣不要随意丢弃在桌子上或地板上，养成良好的就餐习惯。

3. 尊重餐厅员工，言行礼貌

尊重餐厅工作人员的劳动，使用礼貌语言；主动配合餐厅师傅工作，不当面评价饭菜的好坏，出现问题或有意见应通过正常途径妥善解决；餐后主动收拾餐具，并将餐具放到指定位置，尽可能地保持餐厅环境卫生。

### 五、宿舍礼仪

（1）宿舍内外要保持清洁。被褥要折叠整齐，床上用品要干净、整洁。

（2）个人物品，如箱子、衣服、鞋帽、日用品等应放在指定位置。

（3）按时起床、就寝；熄灯铃后不得聊天、打闹。

（4）讲究文明，不说脏话、粗话，严禁吸烟、喝酒。

（5）到他人宿舍应先敲门，得到允许后方可进入。

**【心灵约定】**

请大家课后起草一份《做文明中职学生》的倡议书，共同约定在校园公共场所做一名文明的中职生。

## 第三节　大型集会礼仪

**【任务目标】**

校园大型集会是校园的重要活动形式，升降旗仪式、开学典礼、运动会的开闭幕式、成人仪式、校园艺术节等活动都是校园大型集会。在这些大型集会上，我们怎样规范自己的言行举止，怎样展示自我和班级的良好风貌是本节的主要内容。

## 【任务内容】

1. 了解怎样进行升旗仪式。
2. 掌握升旗仪式时的礼仪要求。
3. 了解怎样进行降旗仪式。
4. 掌握校园庆典、集会时的礼仪要求。

## 【博学精用】

校园生活丰富多彩，升降旗、开学或毕业典礼、校庆等各项活动均有相关的礼仪要求。庄严的大型集会活动，是构建校园文化的需要，也是对教师和学生的礼仪熏陶。

### 一、升降旗礼仪

教育部《关于施行〈中华人民共和国国旗法〉严格中小学升降国旗制度的通知》要求，中小学校升国旗仪式应在每周星期一早晨举行（寒暑假及恶劣天气除外）。遇重大节日或纪念日时也应举行升旗仪式。举行升旗仪式时，在校的全体师生都应参加。

#### 1. 升旗仪式

（1）列队。全体师生应在操场上集合，面向国旗，整齐列队。

（2）出旗。主持人宣布升旗仪式开始，全体肃立。旗手持旗，护旗手站在旗手两侧，悬挂好国旗，做好升旗准备。

（3）升旗。奏响国歌，师生行注目礼。升旗手将国旗在国歌声中升至杆顶。

（4）宣誓（校训）。主持人带领全体同学举右拳进行宣誓，宣读誓词时要激情澎湃、斗志昂扬。

（5）国旗下演讲。可由校长或其他师生等做简短而有教育意义的讲话。

### 2. 礼仪要求

对国旗和国歌的尊重，即是对祖国的尊重。在举行升旗仪式时应做到以下几点：

（1）仪表要整洁规范，仪态要严肃庄重。

（2）队列要整齐，保持安静，切忌喧哗、走动、嬉闹、东张西望、心不在焉。

（3）在整个升旗过程中，全体师生都要保持肃立的姿态，脱帽行注目礼。

（4）唱国歌要有激情，曲调准确，声音洪亮。

（5）在任何情况下，听到奏国歌升国旗时，都要立即停止一切活动，严肃立正，等待升旗仪式完毕后，方可继续活动。如遇到国歌奏响时没有入列，要肃立原地，不再走动，直到国歌结束。

### 3. 降旗仪式

降旗仪式一般在每日傍晚进行。由旗手和护旗手按《中华人民共和国国旗法》第十六条的规定降旗。降旗时不必将学生集中起来，可以在放学后，由旗手和护旗手直接将国旗降下，但所有经过现场的师生都应面对国旗，自觉肃立，等降旗完毕，方可自由行动。

降旗时，要缓缓将国旗降下，爱护国旗，不要使国旗落地弄脏国旗。降旗后将国旗叠放好，以免弄脏弄皱。

## 二、其他大型集会礼仪

开学或毕业典礼、校庆或举行其他庆典仪式时，应服从统一指挥，遵守统一要求。

（1）准时整队入场，保持会场肃静。进入会场要脱帽，站姿、坐姿要端正。

（2）开会期间不可无故提前离席，也不要随便来回走动。

（3）要遵守会场秩序，认真听讲，适时报以掌声。不要交头接耳，随意谈笑，更不要起哄、叫喊。不做与大会无关的事情。

（4）保持会场卫生，不吃零食，不乱扔垃圾。

（5）会议结束后应以热烈的掌声表示感谢和赞美；退场时应让老师、客人等先走，然后学生整队离场。

（6）上台发言、领奖、表演时，走路要稳重，从规定的台口上。在台上站姿要端正，双手接奖品、奖状，并行鞠躬礼，及时向颁奖人致谢；领奖后，面向台下将奖状高举过头向大家展示，然后双手拿好贴在胸前，如有摄影师拍照，应积极配合；从指定台口退下。

## 【心灵约定】

学校的大型活动非常多，让我们大家在升降旗仪式等大型集会中都能成为礼仪规范的楷模吧。

# 第三章　社交礼仪

## 【史海泛舟】

热情好客是中华民族自古以来的传统美德和优良风尚。孔子曾说："有朋自远方来，不亦乐乎。"在人际交往中，国人处处体现了"礼仪之邦"的风采。

古人十分重视人际间的相互交往，"礼尚往来。往而不来，非礼也；来而不往，亦非礼也。"遇有亲朋好友到来，主人首先迎于门外，向客人施礼，互致问候后，再进入门内，这是古人常用的"见面礼"。之后，主人前引客人登台阶，准备进入堂屋。在登台阶时，古代还有"拾级聚足"的礼节。"主人与客让登，主人先登，客从之，拾级聚足，连步以上。"即主人在前引导客人，前足先登上一级台阶，后足再与之并齐，而后再登一级，又并足。这样登台阶是为了照顾客人能跟上自己，避免客人感到紧张和受冷落。待登上台阶将要进入堂屋前，又有两种礼节。首先是"将上堂，声必扬"，即快进屋前，说话的声音要适当提高，以告知屋内的人客人已到；再者是"将入户，视必下"，这是客人应遵守的礼节，即在进入堂屋时，视线应向下。开门进屋，眼睛向下看，是因为考虑主人家虽然知道客人已到，但难免还有未及收拾的东西，这样做，可以避免给主人造成难堪和尴尬。

古人在交谈时，也极重视礼节，尤其是重视仪表的庄重，不允许有轻浮、放荡的不文明举止。即使是笑，也以不见齿为宜。“凡人大笑则露齿本，中笑则露齿，微笑则不见齿。”尽管在交谈中会谈及一些令人捧腹大笑的话题，但笑仍需节制。这既是出于礼节的需要，也表现了一个人的文明素养。若大笑露出牙齿根部，牙齿就会感到冷，所以古人常以“齿冷”来讥讽那些嘲笑他人者。

在交谈中，应表现出对对方的尊敬和自己的谦逊，这也是古人特别重视的一种礼节，被视为“礼貌”的体现。在对方讲话时，自己要专心致志、洗耳恭听，不能漫不经心，更不能打断别人的讲话。自己在讲话时，眼睛应注视对方，语调平缓，不能强词夺理，摆出一副盛气凌人的架势。具体到交谈的礼节乃至谈话的艺术时，古人都有相应的要求。

面见尊长时，应“请见不请退”。即对尊长可以请求会面，但谈话结束后，不要马上请求离去，要等到尊长示意后，再告辞。

宾客告辞时，主人应为客人送行。通常主人应前引客人走出门外。在门外，宾主再次相互致谢、答谢后，主人目送宾客离去。

古人的交往礼节，在今人看来似乎有些太烦琐，过于注重小节，但恰恰是这些看似“区区小事”的礼节，体现了中华民族热情好客的风尚和文明礼貌的风范，真正表现了“宾至如归”的风采。

## 第一节　着装礼仪

### 【任务目标】

得体的服饰是我们社交中一张亮丽的名片，不同场合的着装有不同的要求，通过本节课的学习，让我们共同掌握着装的基本要求，学会在不同的场合合理着装。

## 【任务内容】

1. 掌握着装礼仪的基本原则。

2. 了解不同场合的着装礼仪要求。

## 【博学精用】

### 一、着装礼仪的基本原则

着装是一种无声的语言，如何着装可从一个侧面真实地传递出一个人的修养、性格、气质、爱好与追求。要使着装后的个人形象富有神韵和魅力，应遵循以下原则：

#### 1. 整体性原则

着装的整体美是由服饰的内在美与外在美构成的。外在美指人的形体及服饰的外在表现；内在美指人的内在精神、气质、修养及服装本身所具有的“气韵”。着装的整体美构成因素是多方面的，包括人的形体和内在气质，服装饰物的款式、色彩、质地、加工技巧乃至着装的环境等。正确着装，能使形体、容貌等呈现出和谐的整体美，所以着装时一定要注意整体性。

#### 2. 个性原则

着装的个性原则不单指通常意义上的个人的性格，还包括一个人的年龄、身材、气质、爱好、职业等因素在外表上的反映所构成的个人的特点。每个人都希望自己以一个独立的个体被社会接纳与承认，这就要求在服饰的选择方面也应注重个性化。服饰选择要符合个人的气质，透过服饰展现自己个性化的风采。不要盲目赶时髦，而要穿出自己的个性。

### 3. “TPOR”原则

“TPOR”是由“Time”“Place”“Object”和“Role”四个单词的首字母组成的，是国际通行的着装原则。所谓“TPOR”原则，是指人们在选择服装时，应兼顾时间、地点、目的及角色这四个要素。

（1）时间（Time）原则一般包含三层含义：一是指一天中时间的变化；二是指一年四季的不同；三是指不同时代的差异。

（2）地点（Place）原则又称环境原则，是指不同的环境需要与之相协调的服饰，以获得视觉与心理上的和谐感。

（3）目的（Object）原则是指服装要与穿着场合的气氛相匹配，以与欲达到的目的相一致。如参加签字仪式或重要典礼等活动，要让自己显得庄重、大方，表现出诚意或教养，着便装或打扮得过于花枝招展都不适宜，不能达到预期的目的，只有穿着合体的，质地、款式都庄重大方的套装才合适。

（4）角色（Role）原则是指人们在社会生活中的不同场合，扮演着不同的社会角色，大家应根据自己的身份、地位、职业特点、工作性质等因素，选择符合自身角色的服装，这样才能被人理解，被人接受。

## 二、不同场合的着装礼仪

### 1. 喜庆场合

学生有时会参加生日派对、同学聚会、亲属的结婚庆典、节日纪念、联欢晚会等活动，这些都属于喜庆场合。这些场合的共同特点是气氛热烈、欢快喜庆等，参加这些活动，服饰可以相应地热烈一些，华丽明快为好。正规的喜庆场合，男同学最好着深色西装，而深色中山装对于青年学生来说，显得老气，过于拘束了。若是同学聚会、生日宴会等轻松愉快的喜庆场合，男同学可以着便装，夹克衫、牛仔服、T恤衫等都是合适的，但要使服装大方整洁，千万不要穿皱褶遍布的衣裤，以免令人尴尬。女同学的服装可以轻松洒脱些，套装、裙子颜色鲜艳一点也无妨，旗袍则不太适合女同学的年龄和身份。可以适当化妆，戴少许精美的饰物，一定要典雅得体，宁缺毋滥。出席婚礼，穿着打扮不宜太出众、耀眼，以避喧宾夺主之嫌，也不要打扮得过于怪异，花里胡哨，破坏婚礼气氛。

### 2. 庄重场合

学生在参加严肃正规的庆典仪式时，一般要遵守主办方对服装所做的规定。如果主办方对着装没有具体要求，也应根据庆典仪式的性质做出适宜的选择，以庄重、高雅、整洁为宜。不宜穿得太随便，颜色比较鲜艳的运动装、牛仔裤等不是这种场合的适宜着装，女生不能穿较短的裙子。还要注意这种场合的着装礼貌，手不要插在裤兜里，不要当众解开衣扣，也不要随意脱去外衣。在室内举行庄重的活动，男女生都不要佩戴墨镜和镜片带颜色的眼镜；在室外，与人握手和谈话时，应将墨镜摘下。

### 3. 悲哀场合

学生参加这种性质的活动主要以扫墓为多，另外还有殡葬仪式和吊唁活动等。这种场合的气氛比较悲哀，庄严肃穆，学生在服饰穿着方面要注意以下几点：服装的颜色要以黑色、深色和素色为主，切忌穿红着绿，恣意追求鲜艳；不宜穿带花边、刺绣或装饰飘带等的服装，衣裤上也不要别带有卡通动物或人物图像的饰物，以免给人不严肃的印象。

此种场合的服装款式要尽量选择比较庄重、大众化一些的，避免选新潮时髦、怪异和轻飘款式类服装，以免冲淡庄严肃穆的气氛。需要穿着丧服时，不能露肌肤，大领圈、无袖的服装在这种场合尤其不适宜，着深色西装、套裙为好，男生配西装的领带也要选择素淡、颜色庄重的。女生不要有明显的打扮痕迹，不宜抹口红和戴饰品，可佩戴黑色的蝴蝶结和白色的头花等与此种场合相宜的饰物。在举行诸如追悼等仪式时，男生要注意垂手而立，不要忘记脱帽，也不要敞衣袒胸，以免显得轻慢随便，与现场气氛不符。

## 【心灵约定】

同学们，今天我们学习了社交礼仪中的着装礼仪，请大家分组利用互联网自学男士西装与女士套装着装礼仪，让着装更好地为我们的社交加分。

# 第二节　见面礼仪

## 【任务目标】

了解人际交往中的称呼、寒暄、介绍、致意、鞠躬、握手、名片等礼仪，并能熟练运用鞠躬礼、握手礼。

## 【任务内容】

1. 做一个精彩的自我介绍。
2. 给老师行一个标准的鞠躬礼。

## 【博学精用】

### 一、称呼礼仪

称呼礼仪是一个人修养、情感的表现，一般情况下称呼有以下几种形式。

#### 1. 尊称

尊称是对别人采用恭敬的称呼，以表示敬重。一般是对上级、长辈、客人的称呼。

（1）职务性称呼。

以交往对象的职务相称，以示身份有别、敬意有加，这是一种最常见的称呼形式。以职务相称具体包括以下三种形式：

1）仅称职务，如部长、经理、主任等。

2）在职务之前加上姓氏，如周主任、张处长、王委员等。

3）在职务之前加上姓名，这仅适用于极其正式的场合。如李某某市长。

（2）职称性称呼。

对于有中高级职称的人士可以称呼其职称，具体包括以下三种形式：

1）仅称职称，如教授、律师、工程师等。

2）在职称之前加上姓氏，如程教授、王律师等。

3）在职称之前加上姓名，这仅适用于极其正式的场合。如李某某教授。

（3）行业性称呼。

工作中我们可以直接称呼被称呼者的职业，如张老师、王教练、刘医生等。

### 2. 平称

平称不表示尊卑，一般是对同辈、同级、下属的称呼。

（1）姓名性称呼。

可以直接称呼其名，不呼其姓，通常限于同性之间，尤其是上司称呼下级、长辈称呼晚辈。在亲友、同学、邻里之间也可以这样称呼。另外也可以只称呼姓，在姓前加上“小”“大”“老”等前缀。在工作岗位上称呼姓名，一般限于同事、熟人之间。

（2）性别性称呼。

对商界、服务业从业人员，一般约定俗成地按性别称呼为女士、先生。

（3）身份性称呼。

双方在一个团体中初识时，可以身份、关系称呼，如同学、队友、团友等。

### 3. 谦称

谦称是一种谦卑的称谓，一般称呼自己及亲属、下属，通过抑己来表示对对方的尊重。这种形式一般适用于书面语言，而且对方的观念比较传统，如鄙人、在下、家父、家母等，这类谦称在当前学生中较少使用，但同学们需要了解。

## 二、寒暄礼仪

在交往中，适当的寒暄能够使不熟悉的人熟悉起来，使沉闷的气氛变得活跃，有利于顺畅地进入正式交谈。常见的寒暄形式有以下几种。

### 1. 问候型

（1）表现礼貌的问候语，如“您好”“早上好”“新年好”等。

（2）表现思念之情的问候语，如“好久不见，你近来怎么样”“多日不见，可把我想坏了”等。

（3）表现对对方关心的问候语，如“最近身体好吗”“生意好吗”“最近工作进展如何，还顺利吗”。

### 2. 言他型

如“今天天气真好”。这类话是日常生活中常用的一种寒暄方式。特别是陌生人之间见面，一时难以找到话题，就会说“东北天气很冷吧”之类的话，以打破尴尬的场面。言他型寒暄是初次见面较好的沟通形式。

### 3. 触景生情型

触景生情型是针对具体的交谈场景临时产生的问候语，比如对方刚做完什么事，正在做什么事以及将要做什么，都可以作为寒暄的话题。如早晨在家门口或路上问“早上好，上班吗”，在食堂里问“吃过了吗”，在图书馆或教室问“这么用功，还在看书啊”，这种寒暄，随口而来，自然得体。

### 4. 夸赞型

心理学家根据人的天性曾做过如下论断：能够使人们在平和的精神状态中度过幸福人生的最简单的法则，就是给人以赞美。每个人作为一名社会成员，需要别人的肯定和承认，需要别人的关心和赞美。比如，你的同事新穿了一件连衣裙，你可以用赞美的语言说“小张，你穿上这件连衣裙更漂亮了”，小张就会很高兴。

### 5. 攀认型

在人际交往中，只要彼此留意，就不难发现双方有着这样那样的“亲”“友”关系，如“同乡”“同事”“同学”甚至远亲等沾亲带故的关系。在初次见面时，寒暄攀认某种关系，可立即转化为建立、发展友谊的契机。

**【小故事】**

三国时，鲁肃见诸葛亮的第一句话是：“我，子瑜友也。”这短短一句话，就奠定了鲁肃和诸葛亮之间的情谊。在现实生活中，这种攀认型的事例比比皆是，如“我出生在武汉，咱可算得上同乡啦”“噢，您是职教中心毕业的，说起来咱们还是校友呢”。这些事例说明，在交际过程中，要善于寻找契机，发掘双方的共同点，从感情上接近对方。

### 6. 敬慕型

这是对初次见面者尊重、仰慕、热情有礼的表现，如“久仰大名”“早就听说过您”。

## 三、介绍礼仪

### 1. 为他人作介绍

在介绍不相识的双方时，首先要注意介绍的顺序，一般情况下，应先把身份低者介绍给身份高者；如果是本单位的人与外单位的人会见，应先把本单位的人介绍给外单位的人；男士与女士见面时，应先把男士介绍给女士；年长者同年轻者会见时，应先把年轻者介绍给年长者；如果双方的年龄、地位差不多，可以先介绍与自己关系比较亲密的一方；如果要把一个人介绍给众多人，首先应给大家介绍这个人，然后再把众人一一介绍给他；如果是参加聚会，应该把迟到者介绍给早到者。总之，首先介绍的往往是地位较低、年龄较小、与自己关系比较亲密的人。这是介绍礼仪中尊者享有优先知情权的原则。

### 2. 自我介绍

正确的自我介绍，不仅可以扩大自己的交际范围，广交朋友，而且有助于自我展示、自我宣传，在交往中消除误会，减少麻烦。

（1）自我介绍的场合：社交场合希望结识某人；演讲发言之前面对听众做自我介绍；求职应聘或参加竞选。

（2）自我介绍的方式。

工作式：重点介绍自己的姓名、工作单位及部门、担任的职务或从事的具体工作，适用于工作交流。

交流式：重点介绍自己的姓名、学历、兴趣及与交往对象的某些熟人的关系，适用于社交活动。

应酬式：只介绍自己的姓名。适用于宴会、舞会、通电话前等一般社交场合。

（3）自我介绍的时间限制：社交场合自我介绍应简洁，不宜超过 1 分钟；面试等场合一般为 3 至 5 分钟，突出重点地进行自我介绍。

## 四、致意礼仪

致意是人际交往中使用频率非常高的见面礼，对于拉近人与人之间的距离有着不可忽视的作用。在人际交往中双方距离较远不便于直接交谈时，可通过肢体语言和简单的问候语，向对方行致意礼。

### 1. 点头礼

（1）行礼场合与对象：在双方不宜交谈的场合，平辈、平级、上级对下级、长辈对晚辈的致意方式。例如：在会场、影剧院等公共场合中多次见面可使用点头礼。

（2）点头礼动作规范：保持标准站姿的情况下，目光注视对方，面容平和自然，颈部在保持直立的基础上，将头微微向下一点。点头礼有正向与侧向之分。

（3）点头礼禁忌：点头幅度不宜过大，不宜过快，不可探出下颌，目光不可上翻或过于下垂。

### 2. 挥手礼

（1）行礼场合与对象：在公共场合与相聚较远的人打招呼、与送别对象告别时使用。

（2）挥手礼动作规范：抬起右臂，大臂与小臂成 45° 至 60° ，掌面向前，小臂带动手掌轻摆两下。距离较远时，可伸直右臂，大臂带动小臂左右摆动几下。

### 3. 欠身礼

（1）行礼对象：下级对上级；晚辈对长辈；服务人员对客人；被介绍双方；递接物品双方。

（2）欠身礼动作规范：致意者目视被致意者，身体前倾，表示对对方的尊敬之意。站立行礼时，身体直立面带微笑，注视对方，以胯为轴，上身前倾 15° 为宜。坐着行礼时，男士臀部需离开座椅，上身微向前倾；女士只需上身前倾即可。

## 五、鞠躬礼仪

### 1. 什么是鞠躬

鞠躬，意思是弯身行礼，是对他人表示敬重的一种郑重的礼节。

此种礼节一般是下级对上级、学生向老师、晚辈向长辈、服务人员向宾客表达由衷的敬意。

鞠躬是中国、日本、韩国、朝鲜等国家传统的、普遍使用的一种礼节。鞠躬主要表达“弯身行礼，以示恭敬”的意思。如今的日本，鞠躬礼是最讲究的。所以我们在同日本人打交道时要懂得这一礼节。

### 2. 行鞠躬礼的动作要领

身体在保持直立的基础上，头、颈、背保持一条直线，以胯为轴，身体前倾。30° 以内的鞠躬，目光应注视对方眼睛，有眼神交流；30°（含）以上的鞠躬，目光需随着身体顺势向下。男性双手放在身体两侧，女性双手合起放在身体前面。弯腰速度适中，之后抬头直腰，动作要慢。

### 3. 注意事项

鞠躬时要注意：如果戴着帽子，应将帽子摘下，因为戴帽子鞠躬既不礼貌，也容易滑落，使自己处于尴尬的境地；鞠躬时目光应向下看，以表示谦恭，不要一面鞠躬，一面翻起眼睛看对方。

## 六、握手礼仪

握手是大多数人见面或离别时的礼节。在交际场合，握手是司空见惯的事情。一般在相互介绍和会面时握手。遇见朋友一般会先打招呼，然后相互握手，寒暄致意。关系亲近的则边握手边问候，甚至两人双手会长时间地握在一起。在一般情况下，握一下即可，不必用力。但年轻者对年长者，身份低者对身份高者则应稍稍欠身，双手握住对方的手，以示尊敬。

握手也有先后顺序，应由主人、年长者、身份高者、妇女先伸手，客人、年轻者、身份低者、男子见面先问候，待对方伸手再握。多人握手致意时不要交叉，待别人握完再伸手。男子在握手前应先脱下手套，摘下帽子。握手时双目注视对方，微笑致意，不要看着第三人握手。

主人主动、热情、适时的握手是很必要的，这样做可拉近双方的距离。握手除了是一种见面的礼节外，还表示祝贺、感谢或鼓励之意。如对方取得某些成绩与进步时，对方赠送礼品时以及发放奖品、奖状、发表祝词后等，均可以握手的形式来表示祝贺、感谢、鼓励等。

## 七、名片礼仪

名片是一个人身份的象征，是人们社交活动的重要工具。因此，名片的递送、接受、存放也要讲究一定的礼仪。

### 1. 名片的递送

在社交场合，名片是自我介绍的简便方式。交换名片的顺序一般是："先客后主，先低后高"。当与多人交换名片时，应依照职位高低的顺序，或是由近及远，依次进行，切勿跳跃式地进行，以免对方产生厚此薄彼之感。递送时应将名片正面朝向对方，双手奉上。眼睛应注视对方，面带微笑，并大方地说："这是我的名片，请多多关照。"名片的递送应在介绍之后，在尚未弄清对方身份之前不必急于递送名片，更不要把名片视同传单随便散发。

### 2. 名片的接受

接受名片时应起身，面带微笑注视对方。接过名片时应说"谢谢"，随后有一个微笑阅读名片的过程，阅读时可将对方的姓名、职衔念出声来，并抬头看看对方的脸，使对方产生一种受重视的满足感。然后，回敬一张本人的名片，如身上未带名片，应向对方表示歉意。在对方离去之前，或话题尚未结束时，不必急于将对方的名片收藏起来。

### 3. 名片的存放

接过别人的名片切不可随意摆弄或扔在桌子上，也不要随便塞到口袋里或丢在包里。而应放在西服左胸的内衣袋或名片夹里，以示尊重。

## 【心灵约定】

利用网络搜集其他国家的见面礼仪种类及要求。

# 第三节 拜访接待礼仪

## 【任务目标】

同学们，你经常到亲戚朋友家做客吗？你有邀请同学到你家做客的经历吗？拜访和接待的过程中有哪些礼仪要求呢？学完这节课，我们应了解和掌握拜访和接待的相关礼仪。

## 【任务内容】

1. 明确拜访的准备工作和注意事项。

2. 掌握接待客人的流程，特别注意如何做好准备工作。

## 【博学精用】

### 一、拜访礼仪

#### 1. 预约

拜访礼仪中最重要的一条是有约在先，即要提前预约。这样既能体现个人素质，又充分表现了自己对主人的尊重。预约包括预约时间、预约地点、提供拜访人数、约定主题。

（1）预约时间是让主人有所准备，一般情况下，以下时间不便拜访：忙碌时、节假日、凌晨、深夜、用餐时间和午休时间。

（2）预约地点应定在方便对方到达的地方（如对方离家或公司较近的场所），或征询对方意见确定拜访地点。

（3）提供拜访人数是让主人了解拜访的人数以

及人员的具体情况，避免出现让主人反感或不受欢迎的人，便于主人接待。约定好就要遵守，不能随意改动，拜访人数增减都会给主人带来不便。

（4）约定主题是让主人了解拜访的目的，以便主人做好心理或其他方面的准备。

拜访要守时守约，如有特殊情况，要尽快打电话通知对方，说明具体原因，并表示诚挚的歉意。

### 2. 做客

在交际中讲究主有主礼，客有客礼。在做客时，如果不懂礼仪或不讲礼仪，不仅会让人感到你修养差，甚至可能引起主人的不快和反感，从而影响交往关系。在做客时应注意以下五点：

（1）不做冒失之客：无论是办公室拜访还是寓所拜访，一定要坚持“客随主便”的原则。在进入拜访的办公室或寓所之前，应轻轻叩门或按门铃，待有回应时方可进入。如主人亲自相迎，见面时应热情问好。如主人夫妇双方同时相迎，应先向女主人问好。如开门的人不认识，应问：“请问这是 ××× 的家吗？”得到允许后方可进入。当主人介绍你与其家人认识时，应点头致意并问好。见到主人的长辈时应恭敬请安并问候。主人上茶时应双手接应并道谢。对后来的客人应起身相迎。

（2）不做邋遢之客：做客时为表达对主人的尊重，务必要做到仪表端庄、衣着整齐。入室前要在踏垫上擦净鞋底或更换拖鞋，不要把脏物带入主人家里。夏天再热也不要脱掉衬衫。冬天再冷也要脱掉大衣、摘掉帽子或围巾，切记不要说冷，以免主人误会。做客时要讲究卫生，糖纸、果皮、果核应放在垃圾桶内。身患疾病尤其是传染病时，不应走亲访友。

（3）不做粗俗之客：与主人关系再好，也不要翻动主人的书信和工艺品。未经主人相请，不要擅自进入主人的卧室、书房，更不要在桌上乱翻、床上乱躺。做客要注意姿势文雅。同主人谈话，态度要诚恳自然，不要自以为是地评论主人家的陈设，也不要谈论主人的长短和让人扫兴的事。交谈时如有长辈在，应用心倾听长者谈话，不要随意插嘴或打断。

（4）不做难辞之客：准备商量什么事，拜访要达到什么目的，事先要有打算，停留时间不要过长、过晚，一般拜访以不超过半小时为宜。拜访目的如已达到，见主人有倦意，应适时告辞。假如主人热情留客，用完餐应停留一会儿，不要抹嘴就走。辞行要果断，不要说走，却口动身不移。出门后提出邀请，并有礼貌地告辞。出来后不要窃窃私语，以免被人误解。

（5）不做失礼之客：事后要真心感谢主人的招待，因为你占用了别人大量的时间。远道的客人到家之后，应向主人报平安。

## 二、待客礼仪

待客的核心是主随客便，待客以礼。待客时要做好以下四点：

### 1. 细心安排

与来访者约定拜会之后，主人应作必要的准备工作，以便让客人感到宾至如归。

（1）注意环境卫生。在客人到来前，专门进行一次清扫工作，创造优美整洁的环境，体现对来客的重视。

（2）注意待客用品。一般必不可少的待客用品有饮料、糖果、点心、报刊、图书和娱乐用品等。

（3）注意膳食住宿。一般情况下，应事先准备好膳食，如需要安排住宿，应提前联系，做好安排。

（4）注意交通工具。接待远道而来的客人时，应考虑交通问题，做到善始善终。

### 2. 热烈欢迎

客人到时，主人要表示热烈欢迎。

（1）迎候。对于重要的客人和初次来访的客人，主人都应前去迎接。

（2）致意。与来客相见时，应面带微笑，与对方热情握手，同时真诚地说：“欢迎！欢迎！”并致以亲切的问候。

### 3. 热情相待

客人到来时，主人待客应热情有礼。

（1）礼貌让座。客人到来，主人应尽快将其让进屋内，并安排就座。为表示对客人的尊重，主人应请客人先行入座。

（2）热情相待。待客时，主人一定要表示出自己的热情、真诚之意。

要一心一意：时时处处以客人为中心。

要兴趣盎然：交谈沟通时，不仅要表达准确，还要扮演一个称职的主持人和最佳观众的角色。

要主次分明：待客时应讲究主次，即使有其他来宾也不能忽视主要客人。

### 4. 送别致意

告辞的要求应由客人提出，若客人提出离开，主人应加以挽留，客人执意要走，主人须起身送行。与客人告别时，须握手道再见。当对方离开后，主人方可离开。

## 【案例分析】

### 周总理送客

有一次，周总理去机场送一位外国元首离京。当那位元首的专机腾空起飞后，外国使节、武官的队列依然整齐，并对元首座机行注目礼。而我国的几位工作人员却疾步离开了队列。周总理目睹这一情况后，当即派人把他们叫了回来，一起昂首向在机场上空盘旋的飞机行告别礼。待送走外国使节和武官后，周总理特地把中国送行的人员全体留了下来，严肃地给大家上了一课：外国元首的座机起飞后在机场上空盘旋，是表示对东道国的感谢，大家应该等飞机从视线里消失后再离开；否则，就是礼貌不周。大家是政府的工作人员，一言一行代表着国家的形象，虽然这只是几分钟的事，但如果大家不加以注意，就很可能因小失大，让国家的形象受损。

想一想

1. 周总理为什么给送行人员上这一课？

2. 在送客过程中应注意哪些事项？

【心灵约定】

同学们，通过学习拜访和接待礼仪，你们会发现生活中时时处处皆有礼仪，那就让我们约定从现在开始做一名受人欢迎的拜访者和热情好客的主人吧！

## 第四节　交谈礼仪

【任务目标】

交谈是我们表达思想及情感的重要工具，是人际交往的主要手段。让我们通过本节课的学习，一起来了解和掌握交谈礼仪的技巧，为我们的人际交往加分吧。

【任务内容】

1. 明确交谈的注意事项。

2. 掌握礼貌用语及 5 种以上应酬语。

【博学精用】

交谈是人们日常生活的一部分，也是人际交往的基本形式之一。

从广泛意义上来讲，交谈是人们交流思想、沟通感情、建立联系、消除隔阂、协调关系、促进合作的一个重要手段。美国著名的语言心理学家多罗西·萨尔诺夫曾说过：说话艺术最重要的应用，就是与人交谈。所以人们在交谈过程中，应掌握一定的礼仪，即交谈礼仪，它是人们在社交场合与人交谈时应当遵循的各种规范和惯例。

## 一、文明用语的要求

### 1. 称呼恰当

称呼对方时，要区分对象、注意场合，应照顾对方的语言习惯、文化层次、地方风俗等。对于不同情况应分别予以不同对待，切不可自行其是。

### 2. 口齿清晰

交谈时要注意发音正确、普通话标准、语调柔和、语气谦恭、语言机动灵活、交谈内容简明扼要。

### 3. 用词文雅

交谈时不讲粗话、脏话、黑话、怪话、废话。

## 二、交谈的表达原则

### 1. 话随境迁原则

说话要顾及场合，否则，再好的话题，再优美的话语，也不会产生好效果，有时甚至会适得其反。试想，如果你在跟朋友谈心时，像领导和下属谈话那样；或是在年终总结大会上，像喜剧演员那样嘻嘻哈哈地陈述你的工作总结，将会产生怎样的后果呢？所以，说话必须要注意场合。

2. 因人而异原则

因人而异原则是指交谈时要根据交谈对象的不同选择不同的交谈内容，即根据对方的性别、年龄、性格、民族、阅历、职业、地位选择适宜的话题。如果不考虑这些因素，交谈就难以引起对方的共鸣，难以达到沟通和交流的目的，甚至会出现对立的情况。

3. 求同存异原则

由于交谈各方往往有着性别、年龄、阅历、职业等方面的差异，交谈中经常会发现彼此有不同的兴趣爱好、关注的话题等。遇到此种情况，应当本着求同存异的原则，选择大家都感兴趣的话题作为谈话内容，使各方在交谈过程中有来有往、彼此呼应、热情参与，因此交谈必须“求同”。如果交谈各方在交谈中对某一问题的观点产生了分歧，不妨进行适度辩论，但这种辩论应建立在理性的基础上，如果谁也不能说服谁，就应当克制自己的情绪，切不可为了强行说服别人而争得面红耳赤，导致不欢而散，因此交谈必须“存异”。

## 三、交谈的注意事项

人的交际活动总是存在于一定的环境和氛围之中，交谈气氛和谐与否，直接影响交谈的效果。为了创造一个愉快融洽的交谈气氛，每一个交谈的参与者，都应从以下几个方面入手。

1. 积极创造交谈环境

交谈环境的随机性较强，而环境对交谈气氛的影响是不容忽视的。在一般情况下，要求交谈的参与者要主动、积极地去适应环境；如有可能，可提前布置交谈环境。例如，在交谈开始前可对交谈的环境进行一定的清洁处理，根据交谈的主题安排灯光、摆设等，以创造一个舒适、安静、整洁的交谈氛围。

### 2. 态度要诚恳

交谈的主体是人，因而参与者的态度、心情和仪态，对交谈氛围的影响是至关重要的。在进行交谈时，态度要认真、诚恳。对交谈的主题，应认真对待，这不仅是尊重他人，更重要的是只有双方在认真的交谈中寻找到共同点之后，了解才有可能深入；否则，一方娓娓而谈，另一方却目光呆滞、神情漠然、东张西望、心不在焉，或翻阅书报、看表、打哈欠，正常的交流很快就会中止。另外，在交谈中，以认真诚恳的态度来关注交谈内容与交谈者，必然会唤起对方的信任，也有助于形成良好的交谈氛围。

### 3. 寒暄要热情、大方

"万事开头难"，交谈一般从问候与寒暄开始。寒暄不仅是一种必不可少的客套，还可以为交谈作情绪和情感上的铺垫。成功的寒暄，有助于迅速缩短双方之间的情感距离，调节气氛，增进交流。因此，寒暄应尽量表现出谦恭、大方、热情、平等的姿态。

### 4. 距离应适中

无论是两人交谈还是多人交谈，交谈距离应以能够较容易地听清谈话内容为宜。具体而言，交谈距离可以分为以下四种。

（1）亲密距离。

亲密距离又叫私人距离，一般在 0.5 米以内，多适用于情侣或夫妻之间、父母与子女之间或知心朋友之间的交谈。

（2）社交距离。

社交距离一般为 0.5 ~ 1.5 米，表现为伸手可以握到对方的手，但不易接触到对方的身体，这一距离对讨论问题是很合适的。

（3）礼仪距离。

礼仪距离一般为 1.5 ~ 3 米，属于礼节上较正式的交往距离。该距离主要适用于向交往对象表示特有的敬重，或用于举行会议、仪式等。

（4）公共距离。

公共距离，又称大众距离或者“有距离的距离”，指大于 3 米的空间距离，主要适用于与自己不相识的人共处。

## 四、语言礼仪的基本内容

### 1. 礼貌语

常用的礼貌语有您、您好、请、谢谢、对不起、没关系、再见。在使用时要做到亲切、准确、诚挚、热情。

### 2. 应酬语

问候语：您好、早上好、晚上好、晚安。

欢迎语：欢迎您、欢迎阁下、欢迎光临。

请托语：麻烦您、劳驾、拜托了、承蒙关照。

赞赏语：太好了、美极了、真棒。

祝福语：祝你成功、祝你好运、祝你心想事成。

慰问语：辛苦了、麻烦了、祝你早日康复。

致歉语：对不起、请原谅、真抱歉、真不好意思。

礼请语：请、请进、请坐、请用茶。

道谢语：谢谢、多谢您、非常感谢。

告别语：再见、回头见、明天见、请走好、欢迎再来。

### 3. 雅语

雅语首先表现在称谓的使用上。

如：手脚残疾者称手脚不健全者；痴呆者称智力障碍者；为病人服务的人称护理师；拾破烂的人称拾荒者；清扫大街垃圾的人称城市美容师。

雅语还表现在对某些行为举止说法的使用上。

如：称吃饭为用餐、用膳；称倒酒为满酒、斟酒；称喝茶为用茶、品茶；称上厕所为净手、方便。

## 【小知识】

### 客套语

初次见面说久仰，好久不见说久违。
等候客人用恭候，宾客来到称光临。
未及欢迎说失迎，起身作别称告辞。
看望别人用拜访，请人别送说留步。
陪伴朋友用奉陪，中途告辞用失陪。
请人原谅说包涵，请人批评说指教。
求人解答用请教，盼人指点用赐教。
欢迎购买说惠顾，请人受礼称笑纳。
请人帮助说劳驾，请给方便说借光。
麻烦别人说打扰，托人办事用拜托。
向人祝贺说恭喜，赞人见解说高见。
对方来信说惠书，赠人书画称惠存。
尊称老师为恩师，称人学生为高足。
老人年龄称高寿，女士年龄称芳龄。
平辈年龄称贵庚，打听姓名问贵姓。

## 【案例分析】

“服务生！你过来！你过来！”一位顾客高声喊，指着面前的杯子，满脸寒霜地说：“看看！你们的牛奶是坏的，把我的一杯红茶都糟蹋了！”

“真对不起！”服务生赔着不是，“我立刻给您换一杯。”新红茶很快就准备好了，并且跟前一杯一样，放着新鲜的柠檬和牛奶。服务生轻轻放在顾客面前，又轻声地说：“我能否建议您，如果放柠檬，就不要加牛奶，因为有时候柠檬酸会造成牛奶结块。”那位顾客的脸一下子红了，匆匆喝完茶就走了。

有人笑问服务生："明明是他的错，为什么不直说呢？他那么粗鲁地叫你，你为什么不还以颜色？"

"正因为他粗鲁，所以要用婉转的方式对待；正因为道理一说就明白，所以用不着大声，"服务生说，"理不直的人，常用气壮来压人，理直的人要用气和来交朋友。"

**想一想**

1. 服务生在与客人交流的过程中，为什么能避免纠纷？
2. 结合案例谈谈交谈时应用什么样的语言和态度。

### 【心灵约定】

学习了交谈礼仪，让我们约定无论何时何地都要做一名谈吐文雅的文明人！

## 第五节　电话礼仪

### 【任务目标】

电话已经成为我们日常生活中必不可少的沟通媒介，正确使用电话，懂得运用电话礼仪，将会为我们的工作加分，为我们的生活添彩。本节我们将学习电话礼仪的相关知识。

### 【任务内容】

1. 掌握拨打电话的时间及注意事项。
2. 掌握接听电话的具体礼仪要求。

【博学精用】

电话被现代人公认为是一种便利的通信工具。在日常工作中，正确使用电话语言很关键，它直接影响着一个公司的声誉；在日常生活中，人们通过电话也能粗略判断对方的人品、性格。因而，掌握正确的、礼貌的打电话的方法是非常必要的。随着科学技术的发展和人们生活水平的提高，电话的使用频率越来越高。看起来打电话很容易，对着话筒同对方交谈，似乎和当面交谈一样简单，其实不然，打电话大有讲究，可以说是一门学问、一门艺术。

## 一、打电话的礼仪

### 1. 打电话要选择合适的时间

（1）因公通电话，不要选择下班之后的时间，一般在上班十分钟以后，或下班十分钟以前。

（2）因私通电话，尽量不要占用对方的上班时间，不宜在早上七点之前、三餐时间或晚上十点以后。若非特殊情况，不要在节假日给对方打电话。半夜或清晨被电话吵醒，很容易引起对方的反感。

（3）打国际电话，首先要考虑对方国家的时差。

### 2. 打电话的准备工作

打电话之前必须先理清思路，明确打电话的目的。准备的内容包括：对方的姓名、电话号码、通话要点等。如果要说的内容很多，可先列个提纲。这样拨通电话后，就可以条理清晰、有重点地与对方进行沟通，给对方留下简洁明了、干脆利落的良好印象。

### 3. 打电话时间的长度

（1）正常情况下，一次打电话的时间最好不要超过三分钟，这在国际上被称为打电话的三分钟原则。这就要求打电话的人要有很强的时间观念，抓住主题，言简意赅，在短时间内表达清楚自己的意思，切忌长时间通话，影响沟通的效率。

（2）如果谈话内容较多，应先问对方有没有时间，方便不方便长时间与你进行谈话，如果对方没有时间，可以另约时间。

### 4. 打电话中的态度表现

（1）通话开始。

1）注意文明礼貌用语，态度热情诚恳。打电话时要先道一声“您好”，主动通报自己的单位或姓名。礼貌地询问对方是否方便之后，再开始交谈。比如，“您好！我是×××，我想占用您2分钟时间，提两个问题，您方便吗？”

2）电话需转接，一定要用“请”字，并应客气地道谢。

（2）通话进行中。

1）通话过程中要精力集中，声音清晰，咬字清楚，语调适中，千万不能边吃东西边通话，也不要一边打电话，一边同旁人聊天，以免给对方心不在焉的感觉。

2）不要对着话筒发出咳嗽声或吐痰声。打电话时，不要来回走动或趴着、仰着、斜靠着或者双腿高架着。如果你打电话的时候，弯着腰或躺在椅子上，对方听到的声音就是懒散的、无精打采的；若坐姿端正，所发出的声音也会变得亲切悦耳、充满活力。

3）如打错电话，要向对方说“对不起”“打扰您了”等道歉的话，不可以一言不发，挂断电话了事。

（3）通话完毕。

应说声“再见”或“谢谢”再把话筒轻轻放下。一般情况下，打电话一方先挂电话，话筒要轻放。

## 二、接听电话的礼仪

（1）接听电话不可太随便，要讲究必要的礼仪和一定的技巧，以免发生误会。接听电话时要做到：语气热情、彬彬有礼、简单明了、大方自然、音量适中、表达清楚。

（2）接听电话的注意事项：

1）电话在铃响三声之内拿起，并主动问候对方。

2）拿起电话主动问“您好”后要自报家门。

3）电话旁要有纸和笔，拿起电话后左手持话筒、右手执笔。

4）接听电话时应友善、有礼、微笑。（即使对方失礼，我们说话也要保持彬彬有礼）。

5）接听电话时要口齿清楚，语速不快不慢，使用通俗语言。（不要使用术语、略语等）

6）打电话时不能吃东西、喝水、吸烟。

7）不要同时对两个人说话，如需与第三人沟通，应告诉对方。

## 三、电话语言对比

请对比以下电话用语：

| | |
|---|---|
| 你找谁？ | 请问您找哪位？ |
| 有什么事？ | 请问您有什么事吗？ |
| 你是谁？ | 请问您贵姓？ |
| 不知道！ | 抱歉，这个我不太清楚。 |
| 没这个人！ | 对不起，我再查一下，您还有其他信息提供给我吗？ |
| 你等一下，我要接个别的电话。 | 抱歉，请稍等。 |

同学们，现在请分组练习，感受一下上述哪种电话用语更合适。

## 【案例分析】

### 与客服的电话

客服人员：您好，这里是亿翔木业公司，请问有什么可以帮助您？

客户：我想咨询一下你们的产品！

客服人员：请问女士怎么称呼您？

客户：我姓宋。

客服人员：宋女士，您好，请问您要咨询哪一类产品？

客户：地板产品。

客服人员：请问您是想了解复合地板还是实木地板？

客户：实木地板。

客服人员：好的，我们的实木地板正在搞促销，样式新颖，欢迎您来选购。

客户：促销活动大概到什么时候结束？

客服人员：促销活动持续到这个月的月末，您可以随时光顾，届时会有专门的工作人员为您做产品介绍。

客户：好的，我一定过去看看。

客服人员：非常感谢您的来电，再见！

**想一想**

请结合案例谈一谈客服人员在接听电话时应注意哪些事项。

### 【心灵约定】

同学们，我们学习了电话礼仪，让我们共同约定在接打电话时要用语文明。

## 第六节　位次礼仪

### 【任务目标】

位次礼仪是礼仪教学的难点，在工作和交往中，我们都需要明确位次，时刻注意自己的位置，这样才能成为受大家欢迎的人。

## 【任务内容】

1. 了解政务场合会议座次的安排原则。
2. 掌握轿车、行走、就座的位次。

## 【博学精用】

位次礼仪是指公关人员在公关活动中，特别是在重要的场合，为了体现参与者的身份、地位、年龄等的差别，给予某些公众以必要的尊重，或者为了体现所有参与者一律平等，而按一定的惯例或规则对参与者进行排列的礼仪规范。

常见的礼宾次序有两大类，一类是旨在明确区分参与者的不对等关系；另一类是为了显示所有参与者在权利地位上一律平等。

### 一、会议主席台座次

前后排关系：第一排就座者为尊、为高、为大、为强；第二排次之；第三排更次之。

同一排关系：居中者为尊、为高、为大、为强；两侧次之。

在政务场合，各组织机构一般按党委、人大、政府、政协的顺序排列；然后按正职、副职排列；副职较多时，按资历排列；资历相当时，按姓氏笔画排列；这样就排出次序了。摆放写有本人姓名的桌签时，桌签的摆放原则是前为上，后为下；中间为上，两侧为下；左为上，右为下。当领导人数为单数时，一号领导居中，二号领导排在一号领导左边，三号领导排一号领导右边，其他领导依次排列；当领导人数为双数时，一号领导、二号领导同时居中，一号领导排在居中座位的左边，二号

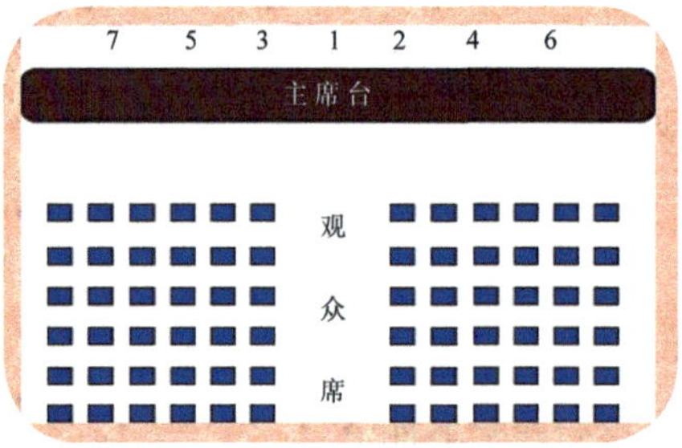

领导排右边，其他领导依次排列。有一些大型会议，出席的领导较多，让领导自己找座位很不容易，解决的办法有二：一是会务工作者引导领导就座；二是印出座次表发给大家，领导们一看就知道自己在第几排、第几位，一目了然。

除政务场合的其他一切场合，遵循国际惯例，以右为尊，居中为上，前排为上，以远为上，面门为上。

## 二、轿车礼仪

不论在什么时候，需要外出时，轿车通常是首选的交通工具。由于使用轿车比较频繁，所以对相关轿车礼仪必须自觉加以遵守。

### 1. 双排座轿车

主人驾车：若一个人乘车，则必须坐在副驾驶座上，若多人乘车，须推举一个人在副驾驶座上就座，不然就是对主人的失敬。四个座位的座次，由尊而卑依次应为：副驾驶座、后排右座、后排左座、后排中座。

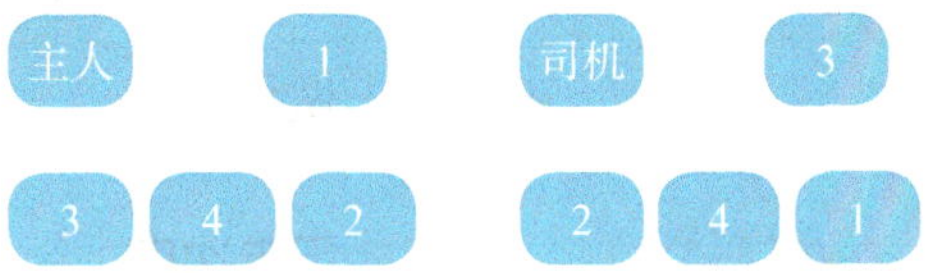


司机驾车：由尊而卑依次为后排右座、后排左座、副驾驶座、后排中座。

### 2. 三排座轿车

主人驾车：三排七座轿车上其他六个座位的座次，由尊而卑依次应为：副驾驶座、后排右座、后排左座、后排中座、中排右座、中排左座。

司机驾车：三排七座轿车上其他六个座位的座次，由尊而卑依次应为：后排右座、后排左座、后排中座、中排右座、中排左座、副驾驶座。

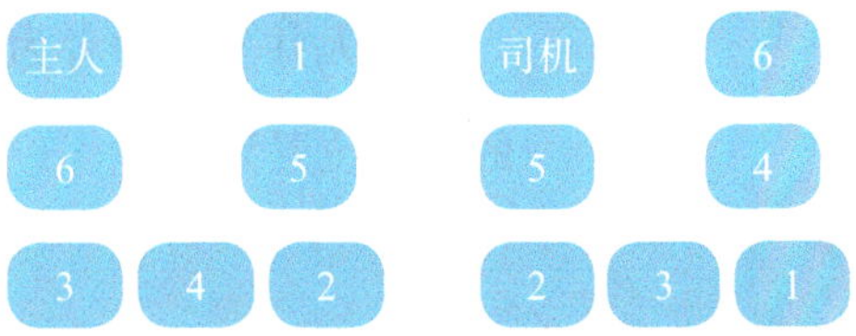


### 3. 上下车顺序

在正式场合与他人乘坐一辆轿车时，上下轿车的先后顺序有一定的讲究。

一是尊长先上后下。

上下轿车时，倘若条件允许，一般均应请与自己乘坐同一轿车的尊长先上车，最后下车。请对方先上车，是为了请其优先选择自己中意的座位。请其最后下车，则主要是为了使其在下车之际，得到先下车者适当的照料。

当尊长先上车，自己在随后登上同一辆轿车时，宜从车后绕行至另外一侧的车门上车。下车时，亦须如此。不要在上下车时，有意无意妨碍对方。

二是兼顾当时条件。

在与尊长同乘一辆轿车时，遵守符合礼仪的先后顺序自然理所当然。不过在具体执行这一规则时，切勿不顾当时的实际条件。在任何时候，讲究上下轿车时的先后顺序，都不宜忽略上下车时方便与否的问题。例如，轿车停在马路旁，左侧车门循例不准开启，坐在后排左座的人若要先于坐在后排右座的人下车，不仅无形之中会给对方增添麻烦，而且还有过于做作之嫌。

### 三、行走次序

两人同行，右者为尊；两人前后行，前者为尊。

三人并行，中者为尊，依次为右边，左边；三人前后行，前者为尊。

上楼梯时，前者为尊；下楼梯时，尊者在一人之后。

### 四、就座次序

三人并坐，中者为尊，依次为右边、左边。室内围坐时，面对门口的中间位置为尊。

### 【案例分析】

#### 乘车礼仪

如果你与上司张总及张总夫人一同坐车，由张总驾车，张太太自然应坐在前座，你千万不要抢着坐前面。如果中途张太太下了车，你应该怎么办？不动？特别是女性职员，更会这样想：我单独跟张总在一起，是不是要避嫌，坐远一点好些。错！你要第一时间打开车门，在副驾驶座坐下。为什么？因为如果张总在前面驾车你坐在后座，张总便成了你的司机了。总的来说，只有在乘坐名副其实的“司机”驾驶的车子时，你才应该坐后座。

**想一想**

1. 你在未学习乘车礼仪之前，是否了解相关乘车礼仪知识？

2. 请结合案例谈一谈，在日常生活中，我们在与不同的人乘车时，应注意哪些事项？

### 【心灵约定】

同学们，我们学习了位次礼仪，让我们共同约定无论在服务接待时还是作为宾客时，都应按照标准的位次礼仪安排或就座，成为一个有修养的文明人。

## 第七节　中餐礼仪

### 【任务目标】

中华美食，誉满天下，中国的饮食文化源远流长。作为中国人，我们在传承礼仪文化的基础上，也要学会在就餐中体现自己的修养。

### 【任务内容】

1. 明确餐饮宴请中不同身份人员的位次。

2. 掌握就餐过程中应注意的礼仪细节。

【博学精用】

## 一、中餐位次礼仪

位次礼仪是中国餐饮文化的重要组成部分。在餐饮宴请中，不同的位次代表用餐者不同的身份，所以在安排座次时有一定的讲究。

### 1. 确定主位

主位通常指主人的位置，或指用餐者中最重要的人的位置，主位以面门、居中、视野开阔为上。

### 2. 以右为尊

主宾位以主位右侧为上，如果主宾身份高于主人，为表示尊重，也可以安排在主位上，而主人坐在主宾的右侧。

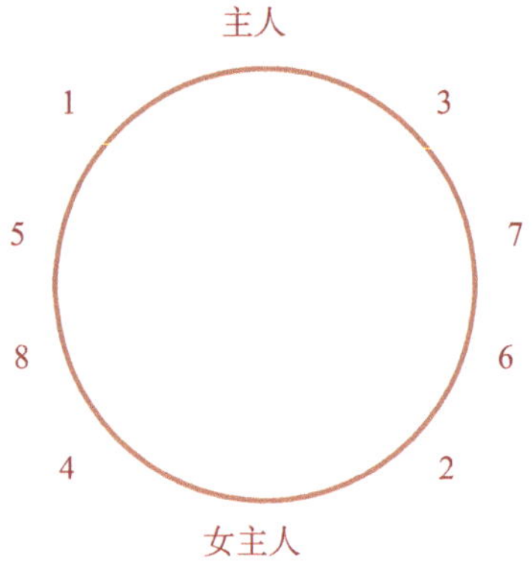


### 3. 以中间为尊

三人一同就座用餐时，坐在中间的人在位次上高于两侧的人。

### 4. 面门为上

用餐时，按照礼仪惯例，面对正门者为上座，背对正门者为下座。

### 5. 特殊情况

在高档餐厅里，室内外往往有优美的景致或高雅的演出，供用餐者欣赏。这时候，观赏角度最好的座位为上座。在某些中低档餐馆用餐时，通常以靠墙的位置为上座，靠过道的位置为下座。

## 二、就餐礼仪

（1）入座后姿势端正，脚踏在本人座位下，不可随意伸直，手肘不得靠桌沿或将手放在邻座椅背上。

（2）用餐时须温文尔雅、从容安静，不能急躁。

（3）在餐桌上不能只顾自己，也要关心别人，尤其要招呼两侧的女宾。

（4）口内有食物时，应避免说话。

（5）自用餐具不可伸入公用餐盘夹取菜肴。

（6）应小口进食，不要大口用餐；食物未咽下时，不要再夹菜入口。

（7）取菜舀汤，应使用公筷公匙。

（8）吃进口的东西，一般不能吐出来，如为滚烫的食物，可喝水或果汁冲凉。

（9）送食物入口时，两肘应向内靠，不向两旁张开，以免碰及邻座。

（10）自己手上持刀叉，或他人在咀嚼食物时，均应避免跟人说话或敬酒。

（11）切忌用手指掏牙，应用牙签，并以手或手帕遮掩。

（12）避免在餐桌上咳嗽、打喷嚏。万一不禁，应说声“对不起”。

（13）在餐厅进餐时，不要相互推拉，抢着付账，这种行为甚为不雅。未征得朋友同意，亦不宜代友付账。

在就座和离席时，应注意以下事项：

（1）应等长者坐定后，方可入座。

（2）席上如有女士，应等女士坐定后，方可入座。如女士座位在隔邻，应招呼女士。

（3）用餐后，须等男女主人离席后，其他宾客方可离席。

（4）坐姿要端正，与餐桌保持适当距离。

（5）在饭店用餐时，应由服务生引导入座。

（6）离席时，应帮助隔座长者或女士拖拉座椅。

## 三、筷子礼仪

“筷子”又称“箸（筯）”，早在商代时就有用象牙制成的筷子。

在《史记》中记载有“纣始为象箸”。用象牙做箸，是富贵的标志。做筷子的材料有多种，考究的有金筷、银筷、象牙筷，一般的有骨筷、竹筷、塑料筷。湖南的筷子最长，有的长达两尺左右；日本的筷子短而尖，这是因为日本人常吃鱼片等片状食物。

筷子在人类文明史上是一项值得骄傲和推崇的科学发明。李政道在论证中华民族是一个优秀的民族时说：中国人早在春秋战国时代就发明了筷子。如此简单的两根东西，却高妙绝伦地应用了物理学上的杠杆原理。筷子是人类手指的延伸，手指能做的事，它都能做，且不怕高热，不怕寒冻，真是高明极了。日本的学者研究发现，人在用筷子夹食物时，有 80 多个关节和 50 多条肌肉在运动，并且与脑神经发生联系。因此，用筷子吃饭使人手巧，可以训练大脑，外国人对这两根神奇的棍状物能施展出夹、挑、舀、撅等功能钦羡不已，并以自己能使用它进食而感到高兴。

在长期的生活实践中，人们对使用筷子也形成了一些礼仪上的忌讳：

（1）在等待就餐时，不能坐在餐桌边，手拿筷子随意敲打，或用筷子敲打碗盏、茶杯。

（2）在餐前发放筷子时，要把筷子一双双理顺，然后轻轻地放在每个人的餐桌前；距离较远时，可以请人递过去，不能随手掷在桌上。

（3）筷子不能一横一竖交叉摆放，如交叉摆放，就如同学生写错作业，被老师在作业本上打叉一样；另外，过去打官司画供时才打叉，所以交叉摆放筷子十分不妥。

（4）在用餐过程中因故需暂时离开时，要把筷子轻轻搁在桌子上或餐碟边，不能插在饭碗里。

（5）在夹菜时，不能用筷子在菜盘里上下乱翻，遇到别人也来夹菜时，要有意避让，谨防“筷子打架”。

（6）在说话时，不要拿筷子在餐桌上乱舞；也不要在请别人用菜时，把筷子戳到别人面前，这样做是失礼的。

【小故事】

### 筷子的来历

古时候并没有筷子，筷子是到了商朝时才有的。

商朝的纣王，是个出了名的昏君。他整天花天酒地，脾气又不好，动不动就要杀人。他吃饭时，菜烫一点，汤冷一点，厨子就没有命了。就为这个，他杀了很多厨子。

有一次，桌上有一道纣王喜欢吃的菜，妲己吃了一口，太烫了，正想换，可纣王已经到了。妲己急中生智，临时想了一个办法，从头上拔下两根金钗，用它夹了菜递给纣王吃。这一夹一递，菜就不太烫了，纣王吃了很高兴，妲己觉得这是一个好办法，就叫人用金子做了两根短棒，专供自己和纣王吃饭吃菜用。

但那时这种“短棒”不叫筷子，而叫“箸”。这事传到大臣耳朵里，也就跟着学，可用金子做太贵，就改用银子做。慢慢地这事又传到了民间，老百姓哪里用得起金的、银的，便又改用竹子做了。竹子做的箸既不容易断，也不容易烂，人人都用得起。

后来，大家嫌这个“箸”与“蛀”谐音不吉利，就改叫“快”了。又因是竹子做的，就在“快”字上加了个“竹”字头，变成了“筷”。

## 四、酒水礼仪

酒是人们熟悉的含有乙醇的饮料，水是餐饮业的专业术语，指非酒精饮料，包括茶、咖啡、可可、果汁、碳酸饮料等。

俗话说“无酒不成席”，如果中餐宴请中少了酒，会让来宾感觉无酒不欢、无酒不敬，少了助兴的气氛。

### 1. 饮酒礼仪

酒文化是中华民族饮食文化的一个重要组成部分。酒是人类最古老的食物之一，它的历史几乎是与人类文化史一同开始的。我国酒的历史，可以追溯到上古时期。《史记·殷本纪》关于纣王“以酒为池，悬肉为林”“为长夜之饮”的记载，以及《诗经》中“十月获稻，为此春酒，以介眉寿”的诗句等，都表明我国酒的兴起已有几千年的历史了。

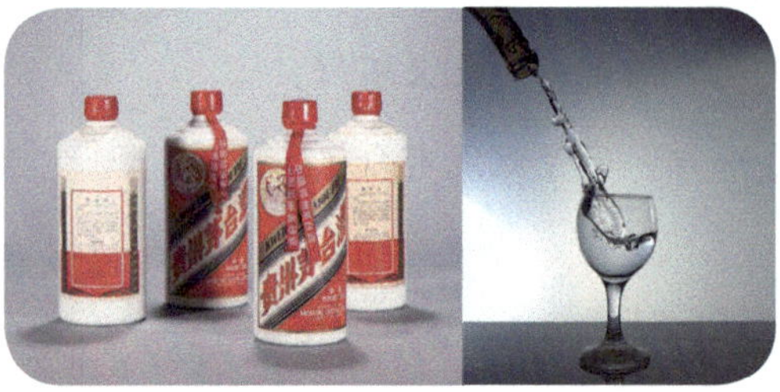

中国制酒源远流长，品种繁多，名酒荟萃，享誉中外。在宋代，中国人就发明了蒸馏法，从此，白酒成为中国人饮用的主要酒类。酒渗透于整个中华民族五千年的文明史中，从文学艺术创作、文化娱乐到饮食烹饪、养生保健等各方面在中国人的生活中都占有重要的位置。

敬酒也就是祝酒，是指在正式宴会上，由男主人向来宾提出某个事由而饮酒。在饮酒时，通常要讲一些祝愿、祝福类的话，甚至主人和主宾还要发表祝酒词，祝酒词内容越短越好。敬酒可以随时在饮酒的过程中进行。致正式祝酒词，应在特定的时间进行，但不能因此影响来宾的用餐。祝酒词适合在宾主入座后、用餐开始前说，也可以在吃过主菜后、甜品上桌前说。

在饮酒特别是祝酒、敬酒时进行干杯，需要有人率先提议，可以是主人、主宾，也可以是其他人。提议干杯时，应起身站立，右手端起酒杯，或者用右手拿起酒杯后，再以左手托扶杯底，面带微笑，目视其他人特别是自己的祝酒对象，嘴里同时说着祝福的话。有人提议干杯后，要手拿酒杯起身站立。即使是滴酒不沾，也要拿起杯子。将酒杯举起，说完“干杯”后，将酒一饮而尽或适量饮用；然后，手拿酒杯与提议者对视一下，这个过程才算结束。

在干杯前，可以象征性地和对方碰一下酒杯；碰杯时，应让自己的酒杯低于对方的酒杯，以表示你对对方的尊敬。用酒杯杯底轻碰桌面，也可以表示和对方碰杯。当你离对方比较远时，可以用这种方式。如果主人亲自敬酒干杯后，应回敬主人，和主人再干一杯。如果因为生活习惯或健康等原因不适合饮酒，也可以委托亲友、下属、晚辈代喝或者以饮料、茶水代替。作为敬酒人，也应充分体谅对方，当对方请人代喝或用饮料代替时，不要非让对方喝酒不可，也不应好奇地“打破砂锅问到底”。别人没主动说明原因就表示对方认为这是他的隐私。

### 2. 饮酒的注意事项

（1）众欢同乐。

大多数酒宴宾客都较多，所以应尽量多谈论一些大部分人都能够参与的话题，得到多数人的认同。因为每个人的兴趣爱好、知识面不同，所以话题尽量不要太偏，以免忽略他人。要注意不要与人贴耳小声私语，给别人一种神秘感，这会使他人感到受冷落，从而影响喝酒的心情。

（2）结交朋友。

大多数酒宴都有一个主题，也就是喝酒的目的。赴宴时首先应环视一下各位的神态表情，分清主次，不要单纯地为了喝酒而喝酒，而失去交友的好机会。要了解邀请方的目的，敬酒要照顾大局。要想在酒桌上得到大家的赞赏，必须学会察言观色，适时交流。

（3）语言得当。

酒桌上可以显示一个人的才华、修养和风度，有时一句诙谐幽默的语言，就会给客人留下深刻的印象，使人无形中对你产生好感。所以，在酒桌上自己要知道什么时候该说什么话。

（4）劝酒适度。

在酒桌上往往会遇到劝酒的现象，有的人总喜欢把酒场当战场，想方设法劝别人多喝几杯，认为喝不到位就是不实在。以酒论英雄，对酒量大的人还可以，而酒量小的人就犯难了，有时过分劝酒，还会将原来的朋友感情破坏掉。

（5）分清次序。

敬酒也是一门学问。一般情况下，敬酒应以年龄大小、职位高低、宾主身份为序，考虑好敬酒的顺序，分清主次。与不熟悉的人在一起喝酒时，要先打听一下对方的身份或是留意别人对此人的称呼，做到心中有数，避免出现尴尬的场面。敬酒时一定要把握好敬酒的顺序，如果在场有身份高的或年长的人，要先给尊者、长者敬酒。

（6）饮酒适量。

酒宴上要看清场合，正确评估自己的酒量，并且要注意说话的分寸，不要太冲动。要做到既不让别人小看自己，又不要过分地显露自身，选择适当的机会，逐渐展现出自己的锋芒，才能稳坐泰山。

### 3. 敬茶文化

茶是中华民族的国饮，位居世界三大饮料之首。在我国，自古就有以茶待客的风俗，这也是我国人民传统的、最常见的礼节。在古代，不论饮茶的方法如何简陋，客人进门，敬上一杯热茶，即表达了主人的一片盛情。在我国历史上，不论是富贵之家还是贫困之户，不论是上层权贵还是平民百姓，莫不以茶为应酬品。饮茶在我国不仅是一种生活，也是一种文化传统，并形成了相应的饮茶礼仪。在现代社会中，上茶仍是待客礼仪的重要环节，宾主双方把盏而谈，无形中活跃了气氛，增进了情感。所以，掌握一定的饮茶礼仪十分必要。

早在三千多年前的周朝，茶已被奉为贡品。到两晋南北朝时，客来敬茶已经成为人际交往的礼仪。唐代刘贞亮赞美“茶有十德”，认为饮茶除了可健身外,还有“以茶表敬意”“以茶可雅心”“以茶可行道”的作用。在当今社会，客来敬茶更成为人们日常社交和家庭生活的普遍礼仪。我国有“浅茶满酒”的讲究，一般倒茶或冲茶至茶具的 2/3 到 3/4，如冲满茶杯，不但烫嘴，还寓有逐客之意。泡茶水温也要因茶而异，乌龙茶需用沸水冲泡，并用沸水预先烫杯；其他茶叶冲泡水温为 80℃ ~ 90℃，冲泡细嫩的茶末时水温还要再低点。

敬茶要有礼貌。一定要洗净茶具，切忌用手抓茶。茶汤上不能漂浮泡沫或焦黑和黄绿的茶末，或粗枝大叶横于杯中。茶杯不论是否有柄，端茶时一定要在下面加托盘，敬茶时温文尔雅、笑容可掬、和蔼可亲，双手托盘，到客人面前，躬腰低声说“请用茶”。有两位以上的访客时，用茶盘端出的茶色要均匀，并要用左手捧着茶盘底部，右手扶着茶盘的边缘。如有茶点，要放在客人的右前方。上茶时应以右手端茶，从客人的右方奉上，并面带微笑，眼睛注视对方。

当然，喝茶的客人也要以礼还礼，双手接过，点头致谢。品茶时，讲究小口品饮，一苦二甘三回味，其妙趣在于意会而不可言传。做客饮茶，要慢慢细饮，边谈边饮，并赞誉茶叶鲜美和主人手艺，而不能手舞足蹈，狂喝暴饮。壶中茶叶可反复冲泡 3 ~ 4 次，客人杯中茶饮尽后，主人可为其续茶，客人散去后，方可收杯。总之，敬茶是中国人待客的一种日常礼节，也是社会交往的一项内容，不仅是对客人、朋友的尊重，也体现了自己的修养。

在国外，客来敬茶也是一种普遍的习俗。日本人和中国人对茶都很喜爱，日本民间以茶待客时十分讲究礼仪，并产生了“茶道”——一般将粉状的碾茶放于“急须”（即茶壶）中，经热水冲泡后倾入一种特制的空茶碗饮用，并佐以糕饼等食品，以表示对客人的敬意。在荷兰、英国、美国、法国等国家，以茶敬客也是很普遍的礼节。

### 【案例分析】

相传，清代大书法家、大画家郑板桥去一个寺院，方丈见他衣着俭朴，以为是一般俗客，就冷淡地说了句“坐”，又对小和尚喊“茶”！一经交谈，顿感此人谈吐非凡，就引进厢房，一面说“请坐”，一面吩咐小和尚“敬茶”。又经细谈，得知来人是赫赫有名的扬州八怪之一郑板桥时，急忙将其请到雅洁清静的方丈室，连声说“请上坐”，并吩咐小和尚“敬香茶”。最后，这个方丈再三恳求郑板桥题词留念，郑板桥思忖了一下，挥笔写了一副对联。上联是“坐，请坐，请上坐”；下联是“茶，敬茶，敬香茶”。方丈一看，羞愧满面，连连向郑板桥施礼，以示歉意。

想一想

1. 试分析郑板桥的对联是什么意思。

2. 结合所学知识谈谈敬茶有哪些礼仪要求。

【心灵约定】

同学们，我们学习了中餐礼仪，让我们共同约定无论是提供服务还是用餐都要做一个文明人。

## 第八节 西餐礼仪

【任务目标】

了解西餐的相关礼仪知识，学会使用西餐餐具，明确西餐的注意事项，为我们今后进入大公司工作奠定基础。

【任务内容】

1. 了解西餐的上菜顺序。

2. 掌握西餐餐具的使用方法及西餐刀叉语。

【博学精用】

随着中西文化的深入交流，西餐目前已经逐渐进入中国人的生活，并且受到了很多人的欢迎。掌握一定的西餐礼仪将会为今后拓展自己的交往空间，展示自己的文化修养加分添彩。

## 一、西餐上菜顺序

### 1. 头盘

西餐的第一道菜是头盘，也称为开胃品。开胃品的内容一般有冷头盘或热头盘之分，常见的品种有鱼子酱、鹅肝酱、熏鲑鱼、鸡尾杯、奶油鸡酥盒、焗蜗牛等。因为是开胃品，所以一般都很有特色，味道以咸和酸为主，通常数量较少，但质量较高。

### 2. 汤

西餐的汤大致可分为清汤、奶油汤、蔬菜汤和冷汤 4 类。品种有牛尾清汤、各式奶油汤、海鲜汤、美式蛤蜊周打汤、意式蔬菜汤、俄式罗宋汤、法式洋葱汤。冷汤的品种较少，有德式冷汤、俄式冷汤等。

### 3. 副菜

鱼类菜肴一般作为西餐的第三道菜，也称为副菜。品种包括各种淡（海）水鱼类、贝类及软体动物类。通常水产类菜肴与蛋类、面包类、酥盒菜肴品均称为副菜。西餐吃鱼类菜肴讲究使用专用的调味汁，品种有鞑汁、荷兰汁、酒店汁、白奶油汁、美国汁和水手鱼汁等。

### 4. 主菜

肉、禽类菜肴是西餐的第四道菜，也称为主菜。肉类菜肴的原料为牛、羊、猪等各个部位的肉，其中最具代表性的是牛肉或牛排。牛排按其部位又可分为沙朗牛排（也称西冷牛排）、菲利牛排、“T”骨牛排、薄牛排等。常用烹调方法有烤、煎、铁扒等。肉类菜肴配用的调味汁主要有西班牙汁、浓烧汁精、蘑菇汁、白尼斯汁等。

### 5. 蔬菜类菜肴

蔬菜类菜肴在西餐中称为沙拉。与主菜同时上桌的沙拉，称为生蔬菜沙拉，一般用生菜、西红柿、黄瓜、芦笋等制作。沙拉的主要调味汁有醋油汁、法国汁、千岛汁、奶酪沙拉汁等。

还有一些蔬菜是熟食的，如花椰菜、煮菠菜、炸土豆条。熟食蔬菜通常与主菜一同摆放在餐盘中上桌，称为配菜。

### 6. 甜品

西餐的甜品是在用完主菜后食用的，可以算作第六道菜，如布丁、煎饼、冰激凌、奶酪、水果等。

### 7. 咖啡、茶

西餐在结束前应上饮料、咖啡或茶。咖啡一般要加糖和淡奶油，茶一般要加香桃片和糖。

## 二、西餐餐具介绍

### 1. 餐刀

西餐中的餐刀有很多种，常用的有三种：一是切肉用的牛排刀，这种刀的锯齿比较明显，主要用于食肉排的时候。二是正餐刀，这种刀的锯齿不明显或没有锯齿，主要用来配合餐叉切割一些蔬菜、水果等软一些的食品。牛排刀和正餐刀一般平行竖放在正餐盘的右侧；如果牛排刀放在正餐刀的右侧，一般说明牛排会先于其他主菜上桌，反之亦然。三是取黄油用的黄油刀，这种刀比较小，一般摆放在黄油盘或者面包盘中。

### 2. 餐叉

餐叉与餐刀相似，西餐中也有很多种，其中最常见、最常用的是沙拉叉、正餐叉和水果叉。这三种叉中最小的是水果叉，其一般横放在正餐盘的上方，主要用来吃水果或者甜品。其次是沙拉叉，也叫冷菜叉，主要用来吃沙拉和冷拼。最大的是正餐叉，一般用来吃正餐热菜。

### 3. 餐勺

餐勺最常见的有三种：一种是正餐勺，勺头是椭圆形的，主要是在吃正餐、主食等时使用。另一种是汤勺，一般是圆头，主要用来喝汤。这两种勺子一般平行竖放在餐刀的右侧，汤勺放在正餐勺的外侧。还有一种甜品勺，一般平放在正餐盘的上方，主要用来吃甜品，通常小于正餐勺或汤勺。

## 三、西餐餐具的正确使用方法

西餐餐具的使用方法通常包括欧式用法和美式用法两种。

### 1. 欧式用法

欧式的刀叉用法，又称英式用法。其最主要的特征是右手拿刀，左手拿叉，叉齿向下。在宴会过程中，这个位置基本不变。左手的叉负责将食物送入口中，右手的餐刀负责将菜切开或者将菜推到叉子的叉背上，而且是每吃完一口再切一次，或者切一块吃一块。

### 2. 美式用法

美国式的刀叉用法比较复杂。其使用过程分切菜和入口两个部分。切菜时右手拿刀，左手拿叉，叉齿向下。这与欧式的刀叉用法相同。但是切完菜之后，就会把右手的刀平放到餐盘顶端，然后把叉子从左手换到右手，叉齿向上，如同铲子，将切好的食品送入口中。吃完一口后，再将右手中的叉倒回左手，用右手将刀拿起来，割取食物。为了简便些，也可以先将所有的菜都切好，然后将餐叉倒到右手再慢慢用餐。

## 四、西餐刀叉语

在用西餐时，您的用餐意愿均可通过刀叉的摆放来传达。

### 1. 尚未用完餐

盘子没空，如你还想继续用餐，可把刀叉分开，呈三角形摆放，那么服务员就不会把你的餐盘收走。

2. 请添加饭菜

盘子已空，但你想加餐，可把刀叉分开，呈“十”字形摆放，那么服务员会再给你添加饭菜。

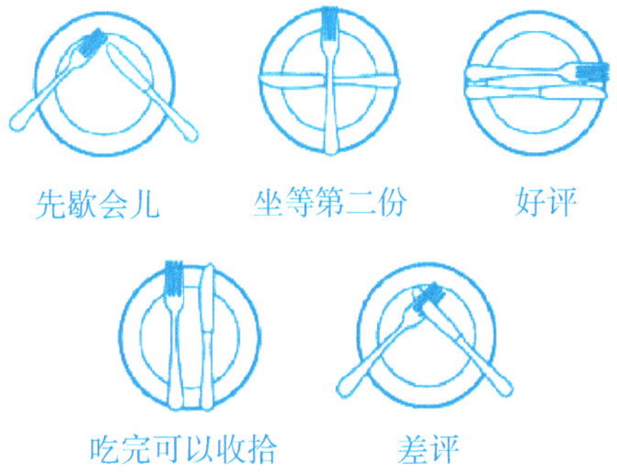


3. 好评

刀叉平行摆放，表示对这道菜很满意。

4. 已经用完餐

如果你已用完餐，可将刀叉摆成“Ⅱ”，表示你用餐完毕，以提醒服务员可以收走餐具了。

5. 差评

刀叉交叉摆成“八”字形，表示你觉得餐厅的菜或服务不好。

### 五、西餐用餐注意事项

（1）西餐餐具最基本的使用方法就是“从外到里”使用各种餐具，一般先用最外侧的刀、叉、勺，然后再用里侧的刀、叉、勺。

（2）西餐刀叉在使用过程中，根据摆放的位置不同，可以表示两层含义：稍息和停止。其中，稍息位置是将刀、叉分开摆放在餐盘上，此时表示就餐者暂时休息，过一会儿还会继续进餐。而停止位置是将刀、叉呈“Ⅱ”形摆放在餐盘上，此时表示就餐者不准备继续食用该菜，服务人员可以将盘撤走。

（3）谈话时可以拿着刀叉，无须放下，但若需作手势，就应放下刀叉，千万不可手执刀叉在空中挥舞。应当注意，不管任何时候，都不可将刀叉的一端放在盘上，另一端放在桌上。

【小知识】

烈性酒的分类

在国际上，通常把酒精度在40%vol以上的酒称为烈性酒。烈性酒一般可分为六大类。

1. 白兰地。从狭义上讲，白兰地是指葡萄发酵后经蒸馏而得到的高度酒精，再经橡木桶储存而形成的酒。白兰地是一种蒸馏酒，以水果为原料，经过发酵、蒸馏、储藏后酿造而成。以葡萄为原料酿成的蒸馏酒为葡萄白兰地，常讲的白兰地，都是指葡萄白兰地。以其他水果为原料酿成的白兰地，则应加上水果的名称，如苹果白兰地、樱桃白兰地等，但它们的知名度远不如前者大。

2. 威士忌。威士忌是以大麦、黑麦、燕麦、小麦、玉米等谷物为原料，经发酵、蒸馏后放入橡木桶进行陈酿、勾兑而形成的一种酒精饮料。从广义上讲，“威士忌”是以所有谷物为原料酿造出来的蒸馏酒的通称。

3. 金酒。金酒又名杜松子酒，最先由荷兰生产，在英国大量生产后闻名于世，是世界第一大类的烈酒。金酒不用陈酿，但有的厂家也将原酒放到橡木桶陈酿，从而使酒液略带金黄色。金酒的酒精度一般在35% ~ 55%vol，酒精度越高，其质量越好。

4. 朗姆酒。朗姆酒是以甘蔗糖蜜为原料生产的一种蒸馏酒，也称为兰姆酒、蓝姆酒。原产地在古巴，其口感甜润、芬芳馥郁。

5. 伏特加酒。伏特加酒以谷物或马铃薯为原料，经过蒸馏制成高达95%vol 的酒精，再用蒸馏水淡化至 40% ~ 60%vol，经过活性炭过滤，其酒质更加晶莹澄澈，无色且清淡爽口，使人感到不甜、不苦、不涩，只有烈焰般的刺激，这成为伏特加酒独具一格的特色。

6. 特基拉酒。特基拉酒又称龙舌兰酒，以龙舌兰为原料，将新鲜的龙舌兰割下后浸泡 24 小时，榨出汁来，汁水加糖发酵两天至两天半，然后两交蒸馏，酒精度达到 52% ~ 53%vol，香气突出，口味凶烈，然后放入橡木桶中陈酿，口感更加醇厚，出厂时酒精度一般为40% ~ 50%vol。

## 【心灵约定】

同学们，我们学习了餐饮礼仪，懂得了中餐和西餐的用餐文化，那么从今天开始，让我们约定做一名文明和体面的就餐者吧！

# 第九节　自助餐礼仪

## 【任务目标】

了解自助餐的相关礼仪知识，明确自助餐就餐的注意事项，为我们今后进行职场社交奠定基础。

## 【任务内容】

1. 了解什么是自助餐。
2. 掌握自助餐的用餐礼仪细节。

## 【博学精用】

自助餐，英文为 Buffet 或 Buffet Dinner，原意是冷餐会、酒会。

自助餐是源于西餐的一种就餐方式，它的具体做法是，不预备正餐，餐厅将烹制好的凉、热菜肴及酒水、冷饮、点心等陈列在餐厅的长条桌上，由客人自行取食，客人或立或坐，自由地与他人一起或独自一人用餐，是一种自我服务的就餐形式。自助餐形式灵活，大家在享受美食的同时也方便了彼此间的交际沟通。

吃自助餐时应注意的礼仪细节如下。

### 一、按顺序排队取餐

自助餐是按照西餐的就餐顺序布置餐台的。取菜时，应先取凉菜，再取热菜，然后取甜点和水果。取热菜前可以先取汤。取菜时，可适量选取每种菜，并依次平放在餐盘中，不要混在一起成为大杂烩。

在餐台取餐时，应排队拿取，不允许乱挤、乱抢、乱插队。轮到自己取菜时，应用公用餐具将食物装入自己的食盘中，然后迅速离开。切勿在众多的食物面前犹豫再三，让身后之人久等，更不应该在取菜时挑挑拣拣，甚至直接下手或用自己的餐具取菜。

### 二、取餐应少量多次

取餐时，不要一次性将自己的盘子装得满满的，过分高估自己的胃口会造成浪费，同时这也是一种失礼的行为。自助餐的菜品会不断添加，遇到自己喜爱的食物吃完了可以再去拿，不用不好意思。少量多次拿取是自助餐就餐的基本原则。

### 三、其他细节

自助餐的座位是可以随意挑选的，可以选择在自己乐于交往的客人附近落座并与之寒暄交谈，也可以独自一人用餐。

餐间，男士应处处照顾女士，无论是入座还是拿取菜品，都应有为旁边的女士效劳的意识。

就餐中吃剩的骨头和皮壳不能吐得满桌都是，可放在一个碟子里。凡是自己的盘、杯中的食物、饮品一定要食用干净。

用餐完毕后，可将餐具、酒杯放在餐桌上，或集中送到指定地点。自助餐不允许打包外带，更不能将食品私下夹带出餐厅。

## 【案例分析】

### 董小姐的尴尬

董小姐有一次代表公司出席一家公司的十周年庆典活动。正式庆典活动结束后，那家公司为全体与会者准备了一顿丰盛的自助餐。看到那么丰盛的食物可以让自己大快朵颐，同时也看到其他人的表现十分随意，董小姐决定“照葫芦画瓢”，像别人一样放松自己。

使董小姐十分开心的是，在餐台上排队取菜时，她发现了自己平日里最爱吃的香辣鸡翅。于是，她毫不客气地满满盛了一大盘。她想：这个东西虽然好吃，但不便一而再、再而三地来装，不然周围人会嘲笑自己没见过世面。

然而，令她感到不好意思的是，当她离开取菜台时，周围的人都用异样的眼光看着她。这使得她在用餐时感到浑身不自在。

回来后，她马上向人打听自助餐的用餐礼仪，才知道自己的所作所为十分不妥。在自助餐餐台上取菜肴时，应当循序渐进，每次只取一点。吃完之后可以多次取食。但是，若只图自己方便，不管三七二十一大装特装一通，就很失礼了。

她记住了这个深刻的教训，在以后吃自助餐时，常提醒自己要注意用餐礼仪。

**想一想**

如果你是董小姐，当你发现周围的人在用异样的眼光看你时，你会如何处理？

## 【心灵约定】

同学们，我们学习了自助餐用餐礼仪，懂得了更多的餐饮文化，那么从今天开始，让我们约定做一名文明的就餐者吧！

# 第四章　家庭礼仪

## 【史海泛舟】

孔融小时候聪明好学，才思敏捷，大家都夸他是神童。4 岁时，他已能背诵许多诗赋，并且懂得礼节，父母非常喜爱他。

一日，父亲的朋友带来一些梨，父亲叫孔融七兄弟从最小的小弟开始自己挑，小弟首先挑走了一个最大的，而孔融则挑了一个最小的。父亲问："你为什么选最小的呢？"他说："我年纪小，应该吃小的，剩下的大梨就给哥哥们吧。"父亲听后十分欣喜，又问："那弟弟也比你小啊？"孔融说："因为我是哥哥，弟弟比我小，所以我应该让着他。"孔融让梨的故事，很快传遍了曲阜，并且一直流传了下来，成为许多父母教育子女的典范。

"融四岁，能让梨"就是出自这个典故。

孔融让梨的故事告诉我们什么呢？我们应该学习孔融身上的哪些礼仪知识呢？

家庭里需要礼仪吗？

观点一：礼仪多用于公共场合，而家庭是身体的休憩室，是心灵的避风港，是一个让我们可以无拘无束展示真性情的地方，所以在家庭里无须讲究礼仪。

观点二：礼仪是润滑剂，在家庭里讲究礼仪，可使家庭更加幸福！

结论：在家庭里要讲究礼仪，家庭礼仪是一切礼仪的基础。

家庭礼仪是指家庭生活中应遵循的礼仪。讲究家庭美德、维护家庭和睦、保持新型家庭人际关系是现代社会不可缺少的内容。

## 第一节　待客与做客礼仪

### 【任务目标】

学会待客与做客，不仅可以让我们更好地与朋友交流，还可以让别人看到你多样的风采，学习家庭礼仪就从了解待客与做客礼仪开始吧。

### 【任务内容】

1. 掌握待客的准备工作及具体的待客方法。

2. 明确做客的注意事项。

### 【博学精用】

#### 一、待客礼仪

##### 1. 家里有客人来访应提前做好准备

（1）居室要收拾干净。

（2）待客的必备物品，如茶具、茶叶、开水、饮料、水果等都要备齐。

（3）主人的服饰：主人的服饰应是具有一定档次的休闲装，这样会显得比较亲切、随和。另外，女主人可施淡妆，这样能够显现出主人对客人的尊重。

（4）如果知道客人要留宿，一定要换洗卧具，备好客房。

（5）按约定时间提前出门迎接客人。

（6）客人进屋后，应首先请客人落座。

（7）客人落座后要尽快敬茶、端出糖果。端茶、送糖果时要用双手，并为客人剥糖纸、削果皮。

### 2. 礼貌待客的具体做法

（1）迎接客人。

主人应按事先约定的时间，站在门口迎接。要和所来的客人一一握手，并主动接过客人的衣帽。

（2）问候寒暄。

见到客人，应热情打招呼。如果客人手提重物，应主动帮忙，对长者或体弱者可上前搀扶。进入室内应把最佳位置让给客人坐。如果客人是初次来访，应向自己家人或其他客人作介绍。主人要面带微笑，不能有疲惫心烦之相。

（3）敬茶。

冲泡茶时首先要清洗茶具，多杯茶时应一字排开来冲，为客人倒茶水时要注意茶倒七分满。上茶时应以右手端茶，从客人右方奉上，且面带微笑，并说“请喝茶”。

（4）陪客人交谈。

客人坐下，敬上茶或糖果之后，应及时与之交谈，话题内容可根据具体情况而定。一般来说，应该谈一些客人熟悉的事情，若暂时无法陪客人交谈，可安排身份相当者代陪或提供报纸杂志、打开电视供客人消遣，切不可出现主人只管自己，把客人晾在一旁的现象。

（5）送客礼节。

当散席或客人准备告辞时，主人应婉言相留。客人要走，应等其起身后，主人再起身相送，家人也应微笑起立，并主动为客人取下衣帽，请他穿戴，亲切告别。若客人来时带了礼物，应再次感谢或回赠礼物，并提醒客人是否有东西遗忘，或有什么事需要帮忙等。

在家里待客时，我们应注意以下事项：

（1）客人到来，无论是熟人还是第一次来访的客人，不论是有地位或有钱的客人还是一般的客人，都要热情相迎。

（2）如果正在接待客人，同时又有新的客人来访，应将客人相互介绍，一同接待。

（3）家里有客人时，家庭气氛要和谐，家庭成员之间不要在此时发生争吵；当与客人交谈时，不要将电视机、收音机等声音开得过大、过响。

## 二、做客礼仪

上门拜访他人，尤其是去他人家里拜访，一定要稳重，不要太随意，要注意尊重对方的隐私权。

（1）做客前要整理好自己的服饰，仪表应整洁大方。

（2）在主人家见到长辈，要恭敬地起立问候。

（3）对主人种植的花木不要采摘；对其喂养的金鱼、猫、狗，不要随意逗弄。

（4）在主人家中，举止要大方，讲话的态度要诚恳自然，不要随意谈论主人的失误和短处。

（5）拜访异性朋友，应以白天为宜。

（6）做客时见到主人出现疲乏等状态或又有其他客人来访时，应适时告辞。

（7）辞行时态度要坚决，不要说了几次“走了”，人却迟迟不动。

### 【试一试】

请同学们分组举办一次模拟接待老师家访的待客活动。

### 【心灵约定】

现在大家了解了待客和做客的相关礼仪知识，让我们从现在开始约定做一名热情有礼的主人和文明礼貌的客人吧。

## 第二节 家庭成员间的礼仪

### 【任务目标】

了解家庭礼仪的相关知识，通过自己的努力让自己的家庭更加和谐、幸福。

### 【任务内容】

通过学习，挖掘你认为能够让家庭更加和谐的因素，并与同学分享。

### 【博学精用】

家庭是社会的基础单位，家庭是社会的重要组成部分，家庭成员之间也要以礼相待。

#### 一、在家庭中，晚辈应当尊重长辈

##### 1. 尊重长辈，心怀感恩

在家里，长辈对我们关爱有加，对长辈给予自己的任何帮助都要心存感激。当母亲为自己特地准备了一顿丰盛的晚餐，当父亲给自己购买了一件梦寐以求的礼物，都不要忘记当面对他们说一声“谢谢”。有人说，我记在心里就行。这种观点是错误的，要知道，感激之情既可以用行动来表达，也可以用语言来表达，后者往往是不可缺少的。

### 2. 和睦相处，玩笑适度

一个和睦相处的家庭，长辈与晚辈的关系是融洽的，彼此可以畅所欲言。但在这个时候也不要忘记对长辈应有的尊重，不要直呼长辈的名字，也不要跟长辈开过头的玩笑。

### 3. 理解长辈，传承经典

对于长辈的关心，晚辈应当表示理解。出门之前，应告诉长辈一声，并且说一声“再见”，以免其操心。《弟子规》告诉我们：“父母呼，应勿缓，父母命，行勿懒；父母教，须敬听，父母责，须顺承。”这是传统经典在尊重长辈方面对我们提出的最基本的要求。

## 二、对长辈的关心要以关心来报答

### 1. 亲人间的爱需要表达

晚辈至少应记住父母的生日和结婚纪念日，到时要专门向他们表示祝贺，使长辈感受到晚辈的爱意。即便再忙，也不能忘掉这一点。

### 2. 细微之处见亲情

晚辈要体贴长辈，要做些力所能及的家务劳动，学会处理个人的生活琐事，减轻父母的劳苦；同时，要理解父母，尽可能帮助家长排解苦闷和麻烦，不要因自己的琐事再给他们添麻烦。长辈有时身体不适，做儿女的应该尽心尽力地照顾他们，必要时给他们做些可口的饭菜，这样会给长辈带来极大的安慰。

### 3. 勤劳俭朴报答养育之恩

做子女的应懂得生活的艰辛，在生活上要尽量节俭，不要经常向父母要零花钱。有些同学很理解父母的难处，即便是父母主动给他们买漂亮的衣物等，他们也劝说父母要尽量节俭。作为子女，我们要体贴自己的父母，以报答父母的养育之恩。

## 三、生活中对父母要讲礼貌

当父母批评子女的错误时，子女应虚心地接受。尽管存在“代沟”，但晚辈同长辈不要彼此看不惯，而应静下心来平等地交流。平时，两代人还应该多谈谈心，做家长的不要以家长自居，做子女的也要善解父母的心意，多听一听彼此的观点和意见，各自克服自己的缺点，这对于营造融洽的家庭氛围具有积极的意义。

### 【小活动】

同学们，你们在家里和父母是怎么相处的？现在离开家在外求学，你们有什么话想对父母说呢？让我们一起来一次“真心话大表白”，把你们想给父母说的话都说出来吧。

### 【心灵约定】

很多同学对自己喜欢的明星非常了解，但是你们了解自己的父母吗？请大家做一份“父母档案”，以更多地了解我们身边最爱我们的人。

## 第三节 家庭聚会礼仪

### 【任务目标】

家庭聚会是我们经常会参加的活动之一，但是举止文雅、落落大方地出席聚会，或是得体地邀请朋友参加聚会并不是件容易的事。那么让我们一起来学习家庭聚会礼仪的相关知识吧。

### 【任务内容】

1. 了解家庭聚会礼仪的注意事项。
2. 完成一次家庭聚会的情景再现。

## 【博学精用】

有朋自远方来，不亦乐乎。中华民族自古就是热情好客的民族。那么在现实生活中，我们应该如何邀请朋友到家中做客，又该如何礼貌地出席家庭聚会呢？

### 一、应邀

接到聚会邀请，应尽早答复对方，以便主人安排。对注有“R.S.V.P.”（请答复）字样的请柬，无论出席与否均应迅速答复。对注有“Regrets only”（不能出席请复）字样的请柬，表示不能出席时才回复。经口头邀请后再发来的请柬，上面一般会注有“To remind”（备忘）字样，主要起提醒作用，可不必答复。答复对方，可打电话或复便函。

接到请柬后，应立即核实所宴请的人、时间、地点、对服饰的要求（国外许多正式宴会在请柬上会注明对客人服饰的要求，国内的宴请也越来越注重服饰方面的要求）、是否邀请了配偶等。接受邀请后不可随意变更。答应后遇特殊情况不能出席的，应尽早向主人解释、道歉。

### 二、出席

按时出席宴请是礼貌的表示。身份高者可略晚到达。一般客人可按规定时间提前两分钟或延后五分钟到达。不可提前太多，也不要迟到太多。出席鸡尾酒会的时间相对灵活一些。迟到、早退、逗留时间过短，都会被视为失礼或有意冷落。

### 三、抵达

到达后先到衣帽间脱下大衣和帽子（非常正式的宴会），然后到迎宾处向主人问好。如带有礼物，应在就餐前送与主人。

### 四、入座

进入宴会厅之前，先了解自己的桌次和座位。在主人已安排的情况下，应由主人安排，不可随便乱坐。入座时，如邻座是年长者或妇女，应主动为其拉开椅子，协助他们先坐下。

## 五、交谈

邻座如不相识，可先作自我介绍。要热情有礼地与同桌的人交谈，并注意兼顾周围的人，不应只同熟人或一两个人说话。

## 六、敬酒

敬酒时，一般是主人和主宾先碰杯，然后主人按顺时针方向依次与其他客人碰杯，以及客人之间相互碰杯。人多时也可以同时举杯示意，不一定碰杯。碰杯时应目视对方致意，并说祝福语。身份低者或年轻者与身份高者及年长者碰杯时，应稍欠身点头，杯沿比对方杯沿略低以示尊敬。在主人和主宾致祝酒词时，应暂停进餐，停止交谈，注意倾听。敬酒应主次有序、称谓清楚、主题恰当。

## 七、进餐

（1）让菜不夹菜。

（2）祝酒不劝酒。

（3）不当众整理服饰。

（4）应待主人招呼后，再开始进餐。

（5）进餐时要文雅，应闭嘴咀嚼，不发出声响。食物太热时，待稍凉后再吃，切勿用嘴吹。

（6）鱼刺、骨头、菜渣不要直接外吐，可用餐巾掩嘴，用手或筷子取出，放在盘内，勿置桌上。

（7）在正式宴会上，每道菜往往先由招待员分菜，如遇自己不能吃或不喜欢的菜肴，亦不必拒绝，可取少量放在盘内，并说“谢谢，够了”。

（8）剔牙时，用手或餐巾遮口。

（9）在宴席上，上鸡、龙虾、水果时，有时会送上小水盂（如铜盆、瓷碗或水晶玻璃缸），水上漂有玫瑰花瓣或柠檬片，这是供洗手用的，不要误认为是饮料。洗手时应轻轻洗，然后用餐巾擦干。

（10）热毛巾擦手不擦脸。

### 【试一试】

同学们，请大家分组来进行一次家庭聚会的情景表演吧。

### 【心灵约定】

安排一场家庭聚会，在聚会中为大家宣传家庭聚会礼仪的具体要求，让大家共同约定一起来做一名文明的聚会者吧。

## 第四节　邻里团结

### 【任务目标】

邻里关系的处理是日常生活中每个人都会遇到的问题，和谐的邻里关系能够让我们的生活更加轻松愉快。学完本节课，让我们主动去创建和谐的邻里关系吧。

### 【任务内容】

1. 明确邻里居住的礼仪。
2. 掌握邻里相处的原则。

### 【博学精用】

加强邻里团结，建立良好关系，要做到尊重邻居的人格、生活方式和生活习惯，尊重邻居的合法权益，切忌搬弄是非。视邻里的事情如自己的事情，视邻里的困难为自己的困难，从小事做起，积极主动地为邻居做好事。

## 一、居住的礼仪

### 1. 注意公共卫生

不随便丢垃圾，主动清扫门前的道路，随手打扫宠物的便溺。

### 2. 爱护公共设施

自觉爱护小区内的花草树木、健身器材、路灯座椅等公用设施。

### 3. 不占用公共空间

在大家共用的道路、楼道、广场等公共空间，应保持通道通畅、活动场所宽敞。在没有固定停车位的小区停车，要注意避免占用公共通道、绿地和广场。

### 4. 避免宠物扰邻

自家有喜欢叫的宠物要进行训练，防止打扰邻居休息；带宠物出门要拴好，防止惊吓、咬伤邻居；如邻居到家中拜访，应先将自己的宠物管理好再开门，以免惊吓到邻居。

### 5. 避免噪声扰邻

上下楼梯脚步要轻，不要大声喧哗；不在室内、楼道打闹嬉戏；家中电视、音响等电器音量要适中；室内装修，要避开休息时间，特别是节假日；在屋内挪动重物要轻拿轻放，避免噪声干扰他人。

## 二、邻里相处的原则

### 1. 适应环境

营造出一个“我为人人，人人为我”的邻里氛围。

2. 互相尊重

处理好邻里关系的关键，就是凡事要先想到他人，尊重别人才能得到别人的尊重。邻居有困难要及时帮助，自己有事求助他人要表达谢意。

3. 礼尚往来

平时常到邻居家串门走走，这样不仅能增进感情，而且双方有什么事，彼此还能够相互照应，既促进了邻里关系的和谐，也有利于邻里关系的稳定。

4. 和睦相处

人是感情动物，你敬别人一尺，别人会敬你一丈。一个好邻居胜似一门好亲戚。

5. 与人为善

在茫茫人海中能够与他人毗邻而居，不论时间长短，都可以说是一种缘分。若想缘分能够继续发展，双方就应互相关心、互相帮助和互相尊重。

6. 宽容谦让

因为每个邻居的家庭环境、性格脾气、社会阅历、文化素养存在着差异，对其显露的缺点或不当之处应多理解，发生矛盾要主动先让一步，这样才能保持邻居之间长久地和睦相处！

【小知识】

### 邻居何以成了最熟悉的陌生人

随着人们生活水平的不断提高，高楼越建越多，邻居之间的物理距离越来越近，然而心理距离却越来越远了。防盗门和猫眼保护了大家的隐私，相应地也阻断了咫尺之间的问候，邻居成了“最熟悉的陌生人”。当然我们也应该看到，日渐疏离的邻里关系是生活节奏加快、居住方式变迁以及社会结构日益多元化等诸多方面共同作用的结果。不同社会群体的邻里社会具有不同的特征。以前人们多来自同一个家乡或同一个单位，彼此熟悉，邻居之间的社会互动较多，居民与居委会等传统邻里组织的联系也较密切。住房结构的改变导致我们从“熟人社会”步入“匿名社会”，人们保护个人隐私的意识不断增强，社会分工的细化与专业化程度的提升、科技的发达使人们之间的相互依赖感大大降低，生活节奏的加快更是对大家之间的相互交流产生了阻碍。

**想一想**

如何改善渐行渐远的邻里关系？

实际上，邻里相处看上去是件小事，却折射出社会发展所带来的人与人之间关系远近的变化。只有每一个社区里的居民都能和睦相处，整个社会才能和谐发展。可以说，社区在邻里关系的处理中扮演着“黏合剂”的重要角色，应通过提供各种便利的交流条件和平台，增进邻里之间的了解与互动。比如，近些年在厦门、珠海等城市广为开展的社区“邻里节”活动，就是营造良好邻里氛围的一个好办法、新形式。邻里之间敲一敲门，聊一会儿天，解一份忧，既增进了情感，又有助于形成良好的邻里关系。“邻里节”以社区为单元，每年都有新的主题与活动内容，让数以千计的人走出家门，改变了城市生活中邻里之间不相识、冷漠、旁观的状况，创造了一个友爱、互助、温馨、和谐的家园，正像《邻里歌》中唱的：“头顶同一片天，脚踏同一方地。你住在我楼上，我住你隔壁。门对着门天天见，楼挨着楼是邻里。远亲不如近邻啊，快乐常伴我和你。”

**【阅读天地】**

邻家失火，不救自危。

一家有事，四邻不安。

人到难处邻里来。

是亲必顾，是邻必护。

打不断的亲，骂不断的邻。

邻里团结是非少，家庭和睦百事兴。

帮人一把，情长一寸；容人一回，德宽一尺。

一个篱笆三个桩，一个好汉三个帮，一家有难邻里帮。

一人难挑千斤担，众人能移万座山。

## 【心灵约定】

要想邻里和睦，把邻居之间的关系搞好，必须拥有宽容的心胸，互相包容，互相理解，遇矛盾不要相争，而要相让。不要为了一些鸡毛蒜皮的小事而与邻居吵得你死我活，这样做，双方都伤了和气，弄得谁也不舒服，实在划不来。让我们一起来创建和谐的邻里关系吧。

# 第五章　求职礼仪

## 【史海泛舟】

战国时，秦国军队包围了赵都邯郸。赵王派平原君去说服楚王与赵国结盟出兵，解救赵国。平原君打算从手下三千多门客中挑选二十人做随从，但挑来挑去只有十九人符合要求，正在着急时，有个名叫毛遂的门客自我推荐说："让我去吧！"平原君笑道："有本事的人，随便到哪里，都会像锥子放在布袋中，一定会露出尖锋来。可你来了三年，也没人说起你的大名，可见你没有什么才能啊。"毛遂说："我如果早被放在布袋里，早就会脱颖而出，何止露出一点尖锋呢？"平原君听他说得有理，便带毛遂等二十人来到了楚国。

平原君请楚王结盟出兵，从早晨谈到中午，还没有结果。十九个门客十分着急，但却没了主意。

毛遂按剑上前说："结盟的事，非利即害，非害即利，无非利害二字而已，这么浅显的道理为何现在还不明白！"楚王大怒，斥道："我与你家主人说话，你来干什么？还不给我退下！"

哪知毛遂不但没有退下，反而又上前几步说："现在大王的性命掌握在我手上，你的几十万兵马都没有用了！"楚王怕毛遂真的动武，一时无言对答。毛遂继续进逼说："其实，楚国有五千里辽阔的土地，几十万雄师，这么强大的国家，为什么要害怕秦国呢？大王不同意楚赵联盟，难道要等秦国逐个击破，坐以待毙吗？"楚王听了连连点头，于是答应与赵国结盟，出兵解赵国之围。

战国时的毛遂是一个有真本事的人，但关键时刻还是通过自荐的方式为国家做出了贡献。

当前，求职竞争日趋激烈，用人单位的门槛亦不断提高，对求职者提出了很高的要求。如何成功地叩开求职的大门，怎样找到一份称心如意的工作，成为每位求职者关心的现实问题。美国职业学家罗尔斯曾说："成功求职是一门高深的学问。"心理学家奥里·欧文也说："大多数公司录用的是有礼节的人，而不是最能干的人。"求职者除了要具备良好的专业素养外，掌握一些求职面试的礼仪和技巧也是非常必要的，有时这些礼仪和技巧甚至会起到举足轻重的作用。

## 第一节　面试前的礼仪

### 【任务目标】

通过学习面试前的礼仪，给自己一个准确的定位，做好书面材料与心理调适双重准备，为自己成功面试奠定基础。

### 【任务内容】

1. 学会自我定位的方法。

2. 掌握求职的基本技巧。

3. 学会进行面试自我形象设计。

## 【博学精用】

### 一、了解自我，准确定位

为了避免找工作的盲目性，求职者应当及早全面客观地分析和评价自己的实际情况，正确判断自己究竟适合哪种工作，从而让自身情况与职业要求结合起来，实现个人与职业的最佳匹配。

一份理想的工作应是符合自己的个性、自己感兴趣，以及最能发挥自己潜力的工作。因此，全面分析自己时，应从以下四个方面着手进行。

#### 1. 分析和了解自己的知识和能力结构

只有客观地分析和评价自己所学的专业、知识与能力，才能知道自己到底适合从事哪个行业的哪项具体工作，也才能选出最能发挥自己潜力的工作。

#### 2. 分析和了解自己的气质和性格

求职者可以进行气质与性格等方面的心理测验，了解自己的优点和缺点、长处和短处，从而根据自己的性格与气质类型来判断自己适合从事什么样的工作。

#### 3. 分析和了解自己的兴趣与爱好

兴趣与爱好往往是职业方向的萌芽，是初步的职业意向。求职者可以进行职业个性测试，以了解自己的职业兴趣和职业倾向，及早为自己的职业生涯做好准备。

#### 4. 分析和了解自己的身体状况

求职者必须对自己的身体状况作一个全面的衡量，衡量内容包括：一般状况（身高、体重等）、疾病情况、有无缺陷或特别素质等。这样，就可以从生理角度来判断自己比较适宜从事哪种职业。

可见，了解自我和对自己进行准确定位就是要弄清楚自己是什么样的人、自己想干什么以及能干什么的过程，最终使自己对自我有一个清晰的认识，以便在求职择业时做到有的放矢。

## 二、全面掌握面试单位的信息

面试之前的准备工作，绝不可以只关注自己，还要多关注求职单位的有关情况。只有这样，才能使面试过程更加顺利、更加完美。

【案例分析】

### 你可以走了

身为某外资企业市场总监的胡先生，提起8年前的第一次面试，依然记忆犹新。当时的就业压力并不大，但胡先生还是早早地做好了充分的面试准备。无论是求职信、个人简历，还是自己的着装，都请教过很多人，可以说是很完美。而且，他事先也做了充分的心理调适，所以心态上也很放松。

面试的时候，无论是说自己的经历还是谈技术，从主考官的表情来看，对他还是非常满意的。40分钟的面试就要接近尾声了。主考官突然问："胡先生，我看你事先做了很充分的准备，说明你对我们公司和这份工作很重视，那你知道我们公司是干什么的吗？""干什么的？"胡先生一下子就懵了，对呀，干什么的我还真没注意过！半晌，胡先生一脸尴尬地说："对不起，这一点我还没来得及关注。"主考官手一挥："好了，胡先生，你可以走了。"

通过上面的案例我们可以看出，在了解用人单位的基本信息时，要尽量做到对用人单位有一个整体的了解。如果你对面试官提出的第一个问题是"你们这家公司是做什么的"，落选肯定就是情理之中的事了。因此，为了获得理想的工作，在面试前不妨把用人单位的信息点列出清单，然后逐一了解。

想一想

结合案例谈一谈你在面试前如何了解面试单位的相关信息。

面试单位的信息通常包括该单位的内部信息与外部信息两大类。

1. 面试单位的内部信息

内部信息包括单位发展历史与最新动态、发展目标与企业文化、领导人的姓名、规模(员工数量)与行政结构、总部及分支机构的业务范围与地理分布、产品或服务内容与类别、财政状况、绩效考核体系、培训体系和薪酬体系、正在招聘的职位描述及能力要求、员工的职业发展路径等。

2. 面试单位的外部信息

外部信息包括客户类型与规模、竞争对手的类型与规模、该单位的公众形象与社会评价等。

上述信息点会在你的面试交流中最大程度地得到体现。比如，你若对所面试的职位有清晰的认识，就能够说出为什么这是你渴望的职位。总之，这些信息可以成为你面试过程中言之有物的知识背景，内化在你逻辑化、结构化、清晰化的交谈语言中，体现出你对该单位发展持有的高度敏感性、兴趣和期望获得该职位的诚意。

## 三、面试服饰准备

### 1. 男生面试时的服饰礼仪

(1)西装。

男生应在平时就准备好一至两套得体的西装，不要到面试前才去匆匆购买，那样很难选购到合身的西装。应注意选购整套的，颜色应当以主流颜色为主，如灰色或深蓝色，这样在各种场合穿着都不会显得失态，在价格档次上应符合学生身份，不要盲目攀比，乱花钱买高级名牌西服，因为用人单位看到求职者的衣着太过讲究，不符合学生身份，对求职者的第一印象也是会打折扣的。

（2）衬衫。

以白色或浅色为主，这样较好配领带和西裤。平时也应该注意选购一些较合身的衬衫，面试前应熨平整，不能给人“皱巴巴”的感觉。崭新的衬衣穿上去会显得不自然、太抢眼，以至于削弱了人事主管对求职者其他方面的注意。这里要提醒一点，面试时你所穿的西服、衬衫、裤子、皮鞋、袜子都不宜给人以崭新发亮的感觉，原因是人事主管会认为你的服饰都是匆匆凑齐的。而且太多从没穿过的东西从头到脚包裹在你的身上，一定会有某些东西让你觉得别扭，从而分散你的精力，影响你的面试表现。

（3）皮鞋。

选穿皮鞋不要以为越贵越好，而应以舒适大方为宜。皮鞋建议选黑色，且面试前一天要擦亮。

（4）领带。

男生参加面试一定要在衬衣外打领带，领带以真丝的为好，上面不能有油污，不能皱巴巴，平时应准备好与西服颜色相衬的领带。

（5）袜子。

袜子的颜色也很有讲究，穿西服时，袜子的颜色建议选深灰色、蓝色、黑色等，这种搭配在任何场合都不会失礼。

（6）头发。

尽量避免在面试前一天理发，以免看上去显得不自然，最好在三天前理发。男女生都应在面试前一天洗干净头发，避免头屑留在头发或衣服上，以给用人单位留下良好的第一印象。

此外，男生要将胡须剃干净，并且在刮的时候不要刮伤皮肤，指甲应在面试前一天剪整齐。

### 2. 女生面试时的服饰礼仪

（1）套装。

每位女生应准备一至两套较正规的套服，以备去不同单位面试之需。

女式套服的样式非常丰富，每个人都可根据自己的喜好来选择，但原则是必须与准上班族的身份相符，颜色鲜艳的服饰会使人显得活泼、有朝气，素色稳重的套装会使人显得大方、干练。记住这个原则，针对不同背景的用人单位选择合适的套装。

（2）化妆。

参加面试的女生可以适当化点淡妆，包括口红，但不能浓妆艳抹，过于妖娆，不符合学生的形象与身份。

（3）皮鞋。

鞋跟不宜过高，款式不宜过于前卫。穿皮鞋要配丝袜，丝袜颜色以肉色为宜。

（4）皮包。

女生的皮包要选可背的，并与装面试材料的公文包要有所区别。可以只拿公文包而不背皮包，但不能把公文包里的文件全部塞在皮包里而不带公文包。

（5）手表。

面试时不宜佩戴过于花哨的手表，以免给人过于稚气的感觉。面试前应调准时间，以免迟到。

禁忌：男女生都不宜在面试时穿 T 恤、牛仔裤、运动鞋，这种装束一般不会受人事主管欢迎。女生一定不要在服饰上给人错误的信号，例如，过于花枝招展的打扮有时会惹来不必要的麻烦，对求职本身毫无益处。

## 【心灵约定】

让我们一起来模拟面试，寻找各自的不足，为自身的就业面试打好基础。

# 第二节　面试中的礼仪

## 【任务目标】

掌握一定的面试礼仪和技巧，不仅能为你的面试成绩加分，还有可能成为你取胜的关键点。让我们一起来学习面试中的相关礼仪知识吧。

## 【任务内容】

1. 掌握面试的注意事项。

2. 掌握面试的语言和手势技巧。

3. 了解在面试中消除紧张情绪的方法。

## 【博学精用】

### 一、面试过程中的注意事项

#### 1. 遵守时间，留好印象

一旦和用人单位约好面试时间，一定要提前 5 ~ 10 分钟到达面试地点，以表示求职者的诚意，给对方以信任感，同时也能调整好自己的心态，作一些简单的准备，以免仓促上阵，手忙脚乱。为了做到这一点，一定要牢记面试的时间、地点，有条件的最好能提前去一趟，以免因一时找不到地方或途中延误而迟到。如果迟到了，肯定会给招聘者留下不好的印象，甚至会丧失面试的机会。

#### 2. 稳重进门，注意仪态

如门关着，应先敲门，得到允许后再进去。开关门动作要轻，以从容、自然为好。见面时要向招聘者主动打招呼，称呼要得体。在招聘者没有请你坐下时，切勿急于落座。招聘者请你坐下时，应道声“谢谢”。

坐下后保持良好体态，切忌大大咧咧、左顾右盼、满不在乎，以免引起招聘者反感。离去时应询问“各位领导（老师），还有什么问题吗”，得到允许后应微笑起立，道谢并说“再见”。

3. 虚心聆听，认真回答

对方给你介绍情况时，要认真聆听。为了表示你已听懂并感兴趣，可以在适当的时候点头或适当提问、答话。回答招聘者的问题，口齿要清晰，音量要适度，回答要简练、完整。一般情况下不要打断招聘者的问话或抢问抢答，否则会给人急躁、鲁莽、不礼貌的印象。问话完毕，听不懂时可要求重复。当不能回答某一问题时，应如实告诉招聘者，含糊其辞和胡吹乱侃都会导致面试失败。对重复的问题也要耐心回答，不要表现出不耐烦。

4. 目光交流，从容应对

在整个面试过程中，保持举止文雅大方，谈吐谦虚谨慎，态度积极热情。当用人单位有两位以上考官时，回答谁的问题，你的目光就应注视谁，并应适时地环顾其他考官以表示你对他们的尊重；谈话时，眼睛要适时注意对方，不要东张西望，显得漫不经心，也不要低垂眼皮，显得缺乏自信。激动地与招聘者争辩某个问题也是不明智的举动，冷静地保持不卑不亢的风度是有益的。有的招聘者会专门提一些无理的问题试探你的反应，如果处理不好，乱了分寸，面试的效果就会大打折扣。

## 二、面试者语言运用的技巧

面试中你的语言表达艺术显示着你的成熟程度和综合素养。对求职者来说，掌握语言表达技巧无疑是重要的。那么，在面试中，求职者应怎样恰当地运用语言表达技巧呢？

1. 口齿清晰，语言流利，文雅大方

交谈时要注意发音准确、吐字清晰，还要注意控制说话的速度，以免磕磕巴巴，影响语言的流畅。为了增添语言的魅力，应注意运用修辞，禁用口头禅，更不能有不文明的语言。

### 2. 语气平和，语调恰当，音量适中

面试时要注意语音、语调、语气的正确运用。打招呼时宜用上扬语调，加重语气并带拖音，以引起对方的注意；自我介绍时，最好多用平缓的陈述语气，不宜使用感叹语气或祈使句。声音过大会令人厌烦，声音过小则难以让人听清，音量的大小要根据面试现场情况而定；两人面谈且距离较近时声音不宜过大，群体面试而且场地开阔时声音不宜过小，以每位面试考官都能听清你的讲话为宜。

### 3. 语言要含蓄、机智、幽默

说话时除了要表达清晰外，适当的时候还可以插进幽默的语言，使谈话在轻松愉快的气氛中进行，这也展示了自己从容的风度。尤其是遇到难以回答的问题时，机智幽默的语言会显示自己的聪明智慧，有助于化解尴尬，并给人留下良好的印象。

### 4. 关注听者反应并及时做出调整

求职面试不同于演讲，而是更接近于一般的交谈。在交谈中，应随时注意听者的反应。比如，听者如果显示出心不在焉，可能表示他对这段话没有兴趣，你得设法转移话题；如果听者侧耳倾听，可能说明你的音量过小，对方难于听清；如果听者皱眉、摆头，可能表示你的言词有不当之处。根据对方的这些反应，面试者要适时调整自己的语音、语调、语气、修辞，以及陈述的内容，这样才能取得良好的面试效果 。

## 三、面试者手势运用的技巧

在日常生活交际中，人们都在自觉不自觉地运用手势表达自己的意愿。那么，在面试中怎样正确地运用手势呢？

### 1. 表示关注的手势

在与他人交谈时，一定要对对方的谈话表示关注，要表示出你在聚精会神地听。对方在感到自己的谈话被人关注和理解后，才能愉快专心地倾听你的谈话，并对你产生好感。面试时尤其如此。一般表示关注的手势是：双手交合放在嘴前；或把手指搁在耳下；或把双手交叉，身体前倾。

### 2. 表示开放的手势

这种手势表示你愿意与听者接近并建立联系。它会使人感到你的热情与自信，并让人觉得你对所谈问题胸有成竹。这种手势的做法是：手心向上，两手向前伸出，手与腹部等高。

### 3. 表示有把握的手势

如果你想表现出对所述主题很有把握，可先将一只手伸向前，掌心向下，然后从左向右做一个大的环绕动作，就好像用手“覆盖”着所要表达的主题。

### 4. 表示强调的手势

当你想吸引听者的注意力或强调很重要的内容时，可把食指和大拇指捏在一起，以示强调。

以上介绍的是面试中常见的手势，但要达到预期的目的，还应注意因时、因地、因人灵活运用。

## 四、面试者回答问题的技巧

### 1. 把握重点，简洁明了，条理清楚，有理有据

一般情况下回答问题要结论在先、论述在后，即先将自己的观点表达清晰，然后再做论述。否则，长篇大论，主次不分，会让人不得要领。面试时间有限，多余的话会冲淡主题，所以要把握重点。

### 2. 讲清原委，避免抽象

招聘者提问主要是想了解一些面试者的具体情况，切不可简单地仅

以“是”和“否”作答。应对所提的不同问题有针对性地回答，有的需要解释原因，有的需要说明程度。不讲原委，过于抽象的回答，往往很难给招聘者留下深刻的印象。

### 3. 确认提问内容，切忌答非所问

在面试中，如果对用人单位提出的问题，一时不知从何答起或难以理解对方问题的意思，可将问题复述一遍，先谈自己对这一问题的理解，并请教对方以确认内容。对不太明确的问题，一定要搞清楚，这样才能有的放矢，不致答非所问。

### 4. 有个人见解，有个人特色

用人单位接待的面试者通常会有若干名，相同的问题问若干遍，类似的回答也要听若干遍。因此，用人单位会有乏味、枯燥之感。只有那些有独到见解的回答，才有可能引起对方的兴趣和注意。

### 5. 知之为知之，不知为不知

面试遇到自己不知、不懂、不会的问题时，默不作声、牵强附会、不懂装懂的做法均不足取，诚恳坦率地承认自己的不足之处，反倒会赢得招聘者的信任和好感。

## 五、面试者消除紧张情绪的技巧

由于面试成功与否直接关系到求职者的前途，所以求职者在面试时往往容易产生紧张情绪。有些同学可能由于过度紧张而导致面试失败。因此必须设法消除过度紧张的情绪。这里介绍几种消除紧张情绪的技巧。

### 1. 适当转移注意力

面试前可翻阅一本轻松活泼、有趣的杂志或图书。这时阅读书刊可以转移注意力，调整情绪，克服面试时的怯场心理，避免等待时紧张、焦虑情绪的产生。

### 2. 控制谈话节奏

进入面试场致礼落座后，若感到紧张可先不要急于讲话，而是集中精力听完提问，再从容应答。一般来说，人们精神紧张的时候讲话速度会不自觉地加快，讲话速度过快，既不利于对方听清讲话内容，又会给人一种慌张的感觉，还往往容易出错，甚至张口结舌，进而强化自己的紧张情绪，导致思维混乱。当然，讲话速度过慢，缺乏激情，气氛沉闷，也会使人生厌。为了避免这一点，一般开始谈话时可以有意识地放慢讲话速度，等自己进入状态后再适当调整语气和语速。这样，既可以缓解自己的紧张情绪，又可以扭转面试的沉闷气氛。

### 3. 恰当使用社交凝视

回答问题时，目光可以看着提问者的额头，而有的人在回答问题时眼睛却不知道往哪儿看。经验证明，魂不守舍、目光不定的人，会让人产生不诚实的感觉；眼睛下垂的人，会给人一种缺乏自信的印象；两眼直盯着提问者，会被误解为挑衅，给人以桀骜不驯的感觉。如果面试时把目光集中于对方的额头上，则既可以给对方以诚恳、自信的印象，也可以鼓励自己，并消除自己的紧张情绪。

在面试交谈中，求职者难免会因紧张而出现失误。此时，切不可因一时失误而灰心丧气。要记住，一时失误不等于面试失败，重要的是要战胜自己，不要轻易放弃机会。如果这次面试没有成功，我们应该做的是分析失误的原因，总结经验教训，以新的姿态迎接下一次面试。

## 【案例分析】

### 求职面试失败案例

李娜，女，24 岁，本科读的是法律专业，有两年医药工作经验。她去应聘一个文秘岗位，由于觉得是十拿九稳的事情，也就没把别的竞争者放在心上。

面试当天，她只把自己的简历匆匆看了一遍，也没怎么准备就去了。到了现场一看，已经有几个应聘者在了，看样子都经过一番细心打扮，一个个嘴里念念有词，显然是在温习。看他们那个认真劲儿，她感到了竞争的压力。面试官有两位，看上去都非常严肃，被他们眼睛一盯，她就慌了神，头不由自主地低了下去，事先准备的说辞全忘了，脑子里一片空白。这时候比较年长的面试官让她作自我介绍，她就把自己的简历背了一遍，语调就像一根直线，毫无生气，而手又习惯性地去摸头发，一说完她就觉得这回完了。

另一个面试官问她，应聘这个岗位她的优势在哪里。这本来是个好机会，只要她把自己的特长、经验说清楚，胜出的概率还是很大的。可偏偏一紧张，平时的那些小动作又全出来了，一会儿摸摸头发、一会儿摸摸耳朵、一会儿又擦鼻子……最后连手都不知道该往哪儿放了，两位面试官看着她直皱眉头，问了两个问题就叫她出去了。

案例分析：对于李娜来说，有法律专业的本科文凭，还有医药行业的工作经验，想求得一份文秘工作，应该不是难事，但是由于没有精心准备，加之个人有紧张时会做各种小动作的习惯，使她与求职的工作失之交臂。所以，同学们应时刻提醒自己：为了面试的成功，更为了自己事业的成功，从现在开始就要深入了解和掌握面试的相关技巧，并做好精心的准备。

**想一想**

通过分析上述案例，你从中得到了哪些启示？

## 【心灵约定】

学习了面试中的相关礼仪知识后，让我们大家来约定，在面试过程中一起做一名文明有礼的面试者吧。

# 第三节 面试后的礼仪

## 【任务目标】

面试结束后等待结果的日子往往比面试更紧张，学会在恰当的时间，合理询问面试结果就是本节课要掌握的内容。

## 【任务内容】

1. 学会以积极的心态处理面试后的等待期。
2. 学会使用书信、邮件、电话等方式询问面试结果。

## 【博学精用】

### 一、写信感谢

为了加深招聘人员对求职者的印象，增加求职成功的可能性，面试后的两三天内，求职者最好给招聘人员写封信表示感谢（纸质信件或电子邮件均可）。感谢信要简洁，最好不超过一页纸。感谢信的开头应提及自己的姓名、应聘的岗位以及面试的时间，并对招聘人员表示感谢。感谢信的中间部分要重申对公司、应聘职位的兴趣，并增加一些对求职成功有用的新内容。感谢信的结尾可以表达一下自己一定能做好所应聘工作的信心，以及为公司的发展壮大做贡献的决心。

### 二、不打听结果

一般情况下，每次面试结束后，招聘主管人员都要进行讨论和投票，然后送人事部门，最后确定录用人员，这个阶段可能需要三五天时间。求职者在这段时间内一定要耐心等候消息，不要过早打听面试结果。

### 三、收拾心情

如果同时向几家公司求职，在第一次面试结束后，要注意调整自己的心情，全身心投入第二家单位的面试准备工作中。因为在接到聘用通知之前，面试结果还是未知数，求职者不应该放弃其他机会。

### 四、查询结果

一般来说，如果求职者在面试两周后或主考官承诺的时间内没有收到对方的答复，就应该写信或打电话给招聘单位，询问面试结果。

### 【试一试】

根据所学知识，在班级内分组进行模拟应聘实践活动。

### 【心灵约定】

应聘中不可能个个都是成功者，万一在竞争中失败了，千万不要气馁，这一次失败了，还有下一次，关键是必须总结经验教训，找出失败的原因，并针对这些不足重新做准备，以谋求“东山再起”。现在让我们来约定，在今后的面试路上，我们一起做一名永不言败的求职者吧。

# 第六章 涉外礼仪

【史海泛舟】

从战国到秦汉时期，有许多中国人到朝鲜进行贸易，朝鲜半岛南部的三韩（马韩、辰韩和弁韩）多次派人来中国；汉朝时我国与安息（波斯帝国）来往频繁，安息是地处丝绸之路中段的西亚大国，成为罗马帝国与汉朝之间的中转站，安息利用陆上丝绸之路和海上丝绸之路进行转手贸易；唐朝的政治、经济、文化影响了欧亚等众多国家直至明朝的郑和下西洋；清朝末年多国入侵我国领土，也留下了中外交流的痕迹。

随着我国对外交往的日益频繁，我们同外国人交往的机会越来越多。在进行国际交往活动时，我们应当懂得并重视一些国际通用的礼仪知识。

人们相互交往，要讲究礼节，讲究礼貌，遵守一定的礼仪规范，使社会生活更加和谐、有秩序地进行下去。国际交往更应如此，一个人在对外交往中的言谈举止，不仅代表着个人，更代表着国家的形象和声誉。

## 第一节 涉外礼仪的基本原则

### 【任务目标】

涉外礼仪在对外交往过程中具有举足轻重的作用。首先，它可以增进我们与世界各国、各地区人民之间的感情，有利于发展我国人民同世界各国、各地区人民的友谊。其次，在涉外交往中，遵守国际礼仪和一定的礼节，有利于我国对外开放政策的实施，有利于展现我国礼仪之邦的风范。

### 【任务内容】

掌握涉外礼仪的基本原则。

### 【博学精用】

#### 一、热情有度

应做到：同外国人进行交际应酬时，既要表现得热情友好，又要具体把握好分寸。

应避免：自己对待对方的热情、友好超出了对方所能接受的范围，令对方感到不快，甚至给对方增加了麻烦，这些都是失礼或不妥的表现。

### 【案例分析】

2015 年 3 月，国际奥委会评估团到 2022 年冬奥会申办城市张家口的崇礼进行评估工作考察，张家口市职教中心的刘慧、张雪两名同学作为电梯引领为国际奥委会评估团的 18 名成员提供服务，当客人进入电梯时，她们用流利的英文询问客人所要到的楼层，到达客人所要到达的楼层时，她们用标准的手势、贴心的笑容为客人指示、服务，评估团成员纷纷向她们表示感谢。

想一想

通过分析上述案例，你从中得到了哪些启示？

## 二、尊重隐私

在国际交往中，要尊重每一位交往对象的隐私。在国际社会中，尊重隐私与否，已被公认为一个人在待人接物方面有无个人教养的基本标志。在交往中，应避免询问和打探其不愿公开的私人事宜，具体归纳为下述八个方面，即“八不问”。

### 1. 不问收入与支出

收入与支出问题通常与个人能力相关，并事关个人尊严。交谈时要避免涉及此点，以免交谈双方陷入尴尬局面。

### 2. 不问年龄大小

在国际社会里，人们普遍将本人的年龄视为“核心秘密”，并且讳言年老，尤其是女士，特别讲究这一点。

### 3. 不问恋爱婚姻

谈论婚恋问题，在国外不仅被视为无聊，而且还有可能被视为成心令人难堪。

### 4. 不问身体健康状况

每个人的身体健康状况均为其立足于社会的重要“资本”，所以人们通常不希望他人对自己的健康状况过多关注。

【小知识】

西方人身体不舒服时不会硬扛着继续工作，因为他们觉得带病工作会影响其他人工作。他们把自己的身体状况看作是极其自我的一件事，通常在中国人看来是表示关心的问候，他们则认为是不必要的。

5. 不问家庭住址

家庭被外国人看作私人领地，因此对外绝不公开。通常私宅电话号码也不会对外公开。

6. 不问个人经历

外国人主张“英雄莫问出处”，反之则往往会被看作居心不良，或少调失教。

7. 不问信仰、政见

在国际社会里，国与国、人与人之间都提倡“超意识形态合作”，所以对交往对象的信仰、政见不应冒昧打探。

8. 不问所忙何事

“所忙何事”在外国人心中绝对属于个人自由。向其询问此类问题，肯定会被视为“没话找话”。

## 三、信守约定

应做到“言必信，行必果”。在国际社会里，讲究信守约定。人们在国际交往中，必须严肃而认真地遵守自己的所有正式承诺，说话必须算数，许诺必须兑现，约会必须如约而至。在一切与时间有关的约定中，必须一丝不苟。唯其如此，方能取信于人。

【小知识】

西方人在确定会谈时一般都会提前一天通知，询问对方是否有时间，确定要交谈的内容，以便让对方提前安排、准备，最大限度地节省时间。西方人对定好的事情不会轻易更改，这也体现了西方人做事有条理、信守承诺的特点。

### 四、遵守礼宾次序

礼宾次序就是依照国际惯例，对参加国际交往的国家、团体和个人的位次所排列的次序。一般来说，礼宾次序体现东道主对各国宾客所给予的礼遇，在一些国际性的会议上则表示各国主权平等的地位。

应做到：按照国际惯例进行排序。常用的排列方式有以下三种：

（1）身份，即按外宾的身份与职务高低顺序排列；

（2）国名字母，即按参加国国名的字母顺序排列；

（3）通知日期，即按代表团组成的通知日期先后排列。

应避免：在工作中考虑不全面、不慎重。这些不仅是失礼或不妥的表现，还可能引起不必要的误解或麻烦。

### 五、以右为尊

在正式的国际交往中，依照国际惯例，将多人进行并排排列时，最基本的规则是右高左低，即以右为上、以左为下，以右为尊、以左为卑。

大到政治磋商、商务往来、文化交流，小到私人接触、社交应酬，凡是有必要确定并排列具体位置的主次尊卑时，以右为尊都是普遍适用的。

### 【心灵约定】

学习了涉外礼仪的基本原则后，我们了解了接待外国客人的相关规范。让我们共同约定，在接待外国客人时，大家一起来遵守这些礼仪规范吧。

## 第二节　涉外交往的常识

### 【任务目标】

涉外交往礼仪与我们日常的交往礼仪有许多不同之处，了解涉外礼仪常识，会为我们与外宾交往奠定良好的基础。现在让我们一起来学习涉外交往的相关知识吧。

## 【任务内容】

1. 掌握涉外交往中的服装礼仪。
2. 掌握涉外活动中的就餐礼仪。
3. 掌握涉外交往中的语言礼仪。

## 【博学精用】

在进行涉外交往时，每一个人都代表自己的国家及民族。常言道："涉外无小事。"在对外交往中要重细节、讲规矩，具体而言，涉外交往礼仪规范通常体现在衣、食、语言等方面。

### 一、涉外交往中的服装礼仪

#### 1. 涉外人员的服装选择

（1）公务场合。

在公务场合，涉外人员的着装应当重点突出庄重保守的风格。不宜强调个性，不应过于时髦或过于随便，而应当既端庄大方，又严守传统。

目前我国涉外人员在公务场合的着装，最为标准的是深色毛料套装、套裙或制服。具体而言，男士最好是身着藏蓝色、灰色的西装套装，内穿白色衬衫，脚穿深色袜子、黑色皮鞋。穿西装套装时，务必要系领带。女士的最佳衣着是身着单一色彩的西服套裙，内穿白色衬衫，脚穿肉色长筒丝袜和黑色高跟皮鞋。尽量不要选择以长裤为下装的套装。

（2）社交场合。

社交场合通常是指进行交际应酬活动的公共场合，如观看演出、出席宴会、登门拜访、参与聚会等。在此种场合，涉外人员着装应当重点突出时尚个性的风格，避免过于保守从众。尽可能使自己的服装时尚一些，充分体现自己与众不同的特点。

【小知识】

在很多国家里，非常正式的社交场合都需要穿着礼服，并且对礼服有特别的规定。通常此类社交活动发出的请柬上都会注明着装要求。

（3）休闲场合。

所谓休闲场合，是指涉外人员在公务活动之外个人休息，以及在公共场所里与不相识者共处的场合，如居家休息、健身运动、游览观光、商场购物等。

在休闲场合，常见的着装有牛仔装、运动装、夹克衫、T恤衫、短裤等。衣着不要过于正式，尤其应当注意，不要穿套装或套裙，也不宜穿制服。

2. 涉外人员应使自己的衣着得法

（1）正确的着装方法。

穿西装时需注意：

1）务必要将位于上衣左袖袖口的商标先行拆除。

2）一般情况下，坐着的时候，可将西装上衣衣扣解开；站起来后，尤其需要面对其他人时，则应当将西装上衣衣扣系上。

3）穿西装时，最好不要内穿毛衫。非穿不可时，则只允许穿一件单色薄款“V”字领羊毛衫。不要在西装里面穿开领的、花哨的羊毛衫。

穿长袖衬衫时，需注意：在正式场合，下摆一定要束在裤腰或裙腰内。袖管不可以挽起来，袖扣一定要系上。不穿西装上衣或穿上衣未系领带时，领扣通常可以不系。

（2）着装的搭配技巧。

在国外，男士在正式场合的着装，必须遵循“三色原则”。

所谓“三色原则”，是指全身上下的衣着应当保持在三种颜色之内。

有品位的男士还要注意“三一定律”，即男士在正式场合，应使自己的公文包、鞋子、腰带色彩相同。

女士在正式场合的着装，要注意避免自己的袜口暴露在外。穿裙装的女士，最好穿连裤袜或长筒袜。

## 二、涉外交往中的餐饮礼仪

### 1. 以东道主身份设宴款待外国人时须注意的问题

（1）确定宴请菜单。

通常适宜宴请外国友人的菜肴分四类：

1）具有民族特色的菜肴。例如，春卷、元宵、水饺、扬州炒饭、麻婆豆腐、北京烤鸭、酸辣汤等。具有中华民族特色的菜肴，往往受外国友人的欢迎。

2）具有本地风味的菜肴。各地的菜肴风味不同，如天津的“狗不理”，西安的“羊肉泡馍”，张家口的“口蘑”“莜面”“官厅鲤鱼”都极具地方特色，可用以款待外国友人。

3）自己拿手的菜肴。餐馆有餐馆的特色菜，各家有各家的看家菜。在向客人推荐自己拿手的菜肴时，如可能，主人可向其介绍与该菜肴有关的掌故。

4）外宾喜欢的菜肴。宴请外宾，在以中国菜为主的同时，也可以安排一些对方的家乡菜。

（2）排定宾主座次。

我国在安排客人用餐时，通常采用圆桌，每桌就餐者不超过十人。安排座次的规矩为：

1）居中为上，即各桌围绕在一起时，居于正中央的那张餐桌为主桌。

2）以右为上，即各桌横向排列时，以面对宴会厅正门为准，右侧餐桌的座次高于左侧的餐桌。

3）以远为上，即各桌纵向排列时，距离宴会厅正门越远，餐桌座次越高，反之越低。

【小知识】

一般来讲，西方人不食动物内脏，但也不绝对，所以要想做好外事接待，最好事先与外方进行沟通，了解来宾的个人喜好，因人而异地安排，这样才能做好接待工作。

2. 以来宾身份参加涉外宴请时需注意的问题

（1）宴请的类型。

1）宴会。它是一种最正式、最隆重的宴请，可在早、中、晚进行，并以晚宴档次最高。举办宴会时要提前发出请柬。宴会分为国宴、正式宴会、便宴、家宴四种形式。

2）招待会。招待会是只备一些食物、饮料，而不备正餐、不排座位的一种较为自由的宴请形式。主要分为冷餐会、酒会、茶会、咖啡会四种。

3）工作餐。工作餐是一种特殊的非正式宴请形式。它时间较短，菜肴较少，用餐者可以边吃边谈。

（2）点菜的规矩。

1）告诉对方"客随主便"。

2）恭敬不如从命，只点一道即可。

（3）用餐的菜序。

1）西餐正餐的常规菜序。依次为开胃菜、汤、海鲜、主菜和甜品等。

2）西餐便餐的常规菜序。依次为开胃菜、汤、主菜和甜品。

3）西餐自助餐的常规菜序。享用自助餐时，用餐顺序依次为冷菜、汤、热菜、点心、甜品和水果。

【小知识】

在 2015 年 3 月，国际奥委会评估团到崇礼进行评估工作考察时，18 名成员在崇礼的密苑云顶酒店用餐，张家口市职教中心的周雅捷、郭玉翠同学在奥委会评估团成员就餐的OLD BEIJING餐厅做接待服务。她们眼中的外国友人是这样的：

（1）待人和善懂礼貌。

见到服务人员，他们会主动问好，并没有“高高在上”的感觉。当服务人员不小心碰到他们或做错事情时，他们也不介意，不会让别人觉得不舒服。

（2）不轻易给别人添麻烦。

就餐时，不喜欢服务人员在身边转悠，或者服务太周到，他们喜欢自己动手。即使是吃自助餐，也是自己去取餐，不喜欢服务人员帮忙。

（4）就餐禁忌。

1）用餐时口中发出巨大的响声。

2）再三劝别人饮酒。

3）用自己的餐具为别人夹菜。

4）毫无遮掩地当众剔牙。

5）随口乱吐不宜下咽之物。

（5）进餐的技巧。

使用餐巾时，只能将它对折后平铺在大腿上，不可将其掖在领子上或系在腰上。可以用餐巾擦嘴或擦手，但不可用它擦拭餐具或擦脸。在用餐期间暂时离开一段时间时，应将餐巾放在自己所坐的椅面上，以示自己很快就回。若是将餐巾放在餐桌上，则表示自己已经吃好。

吃正餐使用刀叉时，通常吃一道菜使用一副刀叉。取用刀叉时，可依次从自己的餐盘两侧，由外向内取。通常左叉右刀，切下一块，以叉送入口中。也可将菜肴全部切好，然后放下右手的餐刀，将左手的餐叉换过来再食用。在用餐时，若要与人交谈，可将刀叉呈“八”字摆在自己餐盘内，表示尚未吃好。若不想再吃某道菜，可将餐叉并排放在餐盘里。

使用勺时不可将其含在嘴里，应搭放在杯、盘、碗上，或直立、插放在杯、盘、碗中。吃西餐时，不同的菜要用不同的勺。它们通常放在餐盘右侧，可依次由外向内按序使用。饮咖啡时，切不可用勺取咖啡饮用。

## 三、涉外交往中的语言礼仪

语言在涉外交往中起着举足轻重的作用，因为在国际交往中，不同国家有不同的语言交流禁忌，为了达到更好的交往目的，我们应该了解外国人的用语思维以及风俗禁忌。

### 【案例分析】

一个外国考察团到中国来，中国主办方到机场接机。在简短寒暄之后，外国代表友好地对主办方领导说：“您看上去气色真不错啊！”中方领导听后用中国人很典型的接受夸赞的方式说道：“哪里，哪里。”外方代表听后很诧异，心想：我一句寒暄的话语，怎么还问我哪里？于是外方代表无奈地回答道：“浑身上下，哪里都是。”

**想一想**

1. 在交流寒暄时，中国人和外国人各有什么特点？
2. 你从上述案例中得到了什么启发？

与外国人士交流需做到以下几点：

#### 1. 语言要直接、真实

大多数外国人交流时不喜欢拐弯抹角，他们更喜欢直入主题，因为他们认为这样做可以最大限度地节省时间、提高效率。

#### 2. 承诺在可兑现的范围之内

外国人不喜欢开空头支票，对兑现不了的事情提前许诺会让外国人很反感，觉得没有诚信。例如，在接待外国客人时，出于礼貌，要询问客人喝什么，如果对方提出喝咖啡，要是接待人员发现正好没有咖啡，这时不要找任何理由搪塞，可以直接和对方说明情况，再为对方提供备选的饮品。

3. 交流时要看着对方的眼睛

在与外国人进行交流时，要看着对方的眼睛或鼻子，眼睛不要游离于其他地方，这会让人感不被重视。当然这不限于外国人，这是与人交往的基本原则。

4. 不要当众批评接待人员

有的中方领导在接待工作中看到工作人员出现错误时，为了体现对客人的歉意会当众批评接待人员，这样的做法是错误的，会显得领导的素质很差，给外国客人留下不好的印象。

【小知识】

勤于沟通

不同的国家有不同的风俗，不同的人也有不同的爱好。为了做好接待工作，提前进行沟通就显得非常重要。如接待一个外方团队，中方联络人员要与外方团队代表提前进行沟通，了解每位来宾的饮食禁忌、生活习惯禁忌等，以便做好贴心的接待服务。

【案例分析】

在 2015 年 3 月迎接国际奥委会评估团对崇礼的考察时，张家口市职教中心的翁欣同学被分配到楼层间做接待服务。当她拿到 18 位奥委会评估团成员的个人信息时，发现其中一位成员竹田恒和来自日本。为了提供更加个性化的服务，满足每位评估团成员的需求，翁欣事先做足功课，在这位日本评委出入房间时用日语问好交流，给竹田恒和留下了深刻的印象。

想一想

通过分析上述案例，你从中得到了哪些启示？

## 【试一试】

各小组对涉外接待的相关环节进行展示，看看哪组做得好。（可以配音乐）

模拟展示根据着装、语言、手势流畅度等方面来评分。

## 【心灵约定】

学习了涉外交往的相关知识后，让我们大家共同约定在接待外国客人时做一名文明的接待者吧。

图书在版编目（CIP）数据

实用礼仪教程 / 李雪梅主编 . —北京：中国人民大学出版社，2018.3
中等职业教育通用基础教材系列
ISBN 978-7-300-25525-5

Ⅰ.①实… Ⅱ.①李… Ⅲ.①礼仪—中等专业学校—教材 Ⅳ.①K891.26

中国版本图书馆 CIP 数据核字（2018）第 026073 号

中等职业教育通用基础教材系列
实用礼仪教程
主　编　李雪梅
副主编　苏　敏　孙少英　莫丽莹
参　编　蔡晓宇　王海燕　任雪梅　赵亦芃　李东红　许　丹　张　雪
　　　　白仙英　任海霞　赵　晶　任　洁　宋一伟　平　洁
Shiyong Liyi Jiaocheng

| | | | |
|---|---|---|---|
| 出版发行 | 中国人民大学出版社 | | |
| 社　址 | 北京中关村大街 31 号 | 邮政编码 | 100080 |
| 电　话 | 010-62511242（总编室） | | 010-62511770（质管部） |
| | 010-82501766（邮购部） | | 010-62514148（门市部） |
| | 010-62515195（发行公司） | | 010-62515275（盗版举报） |
| 网　址 | http://www.crup.com.cn | | |
| 经　销 | 新华书店 | | |
| 印　刷 | 唐山玺诚印务有限公司 | | |
| 规　格 | 185 mm × 260 mm 16 开本 | 版　次 | 2018 年 3 月第 1 版 |
| 印　张 | 7.75 | 印　次 | 2025 年 7 月第 8 次印刷 |
| 字　数 | 110 000 | 定　价 | 35.00 元 |